JN000277

ネットショップ
ECを始めるなら別会社をつくりなさい

MANAGEMENT STRATEGY TO GET E-COMMERCE ON TRACK

岩井淳行

CROSSMEDIA PUBLISHING

はじめに

「良い商品をつくれば自然と売上が伸びるような時代ではない」
「これからは、ネットでも商品を売っていかなければ」
周りからそう言われて、インターネットで商品を売りはじめたものの、売上が増えていかない。それればかりか、費用だけが増えている。そういう中小メーカーは多いのではないでしょうか。

かといって、ネット以外で今以上に売上や利益を増やそうとすると、卸先を増やして販路を拡大するか自社店舗を増やすしかありません。

販路を拡大すべく販売店を増やしたところで、商品が売れるかどうかは販売店任せになってしまいます。自社店舗を増やすにしても、店舗開発の資金や人件費も増えるので、売上が立つ算段がなければ投資に踏み切れません。

それに、今後また新型コロナウイルスの感染拡大のようなことが起こるなどして、店舗に人が訪れることさえできない事態になることも考えられます。

そう考えると、やはり今こそEC（ネットショップ）に注力すべきという結論になります。

EC（E-Commerce）とは電子商取引のことで、狭義にはインターネット上でおこなわれる物やサービスの受発注のことを指します（支払いや配送はオンライン・オフラインを問わない）。

本書におけるECの定義は、「ネットショップで商品（モノ）を販売すること」だと思っていただいて構いません。

「ECサイトをやらなければならないことはわかっている。でも、ECで売上を増やすためにどうすればいいかわからない」

これが、本書を手にとってくださった多くの経営者の思いではないでしょうか。

「売上が増えない」というのは単なる事象でしかありません。これがたとえば、「2年間は売上が増えなくても、ブランド認知を上げていく期間だ」と捉えるのであれば、失敗とは言えません。

ゴールを設定し、そのためにいつ、どんなことを、どれくらいやっていくのかを決めて実行していく。事業もECサイトの運営もまったく同じです。

ＥＣサイトは単に実店舗がネット上に移っただけではありません。ＥＣサイトを順調に成長させるには、ＥＣを「事業」として捉える必要があります。

ひとつの事業として事業計画をつくり、そのゴールに向かってやるべきことを設定し、達成できたかどうかを検証して、次の行動に反映させていく。これを繰り返していかなければなりません。しかし、自社のＥＣサイトについてそこまでできている中小企業は多くないでしょう。

こうしたプロセスを確実に実行するために本書では、ＥＣを事業と捉えるのに加えて、ＥＣ事業部を外部に持つ、さらにはＥＣ事業部を独立させることが効率的でいかに成長性が高いかを述べていきます。

わが社、エスアイアソシエイツは２００４年の設立から、さまざまなものづくり企業のＥＣサイトの構築や運営を手掛けてきました。それらのＥＣサイトのなかには、ゼロからスタートして初年度から売上が１０００万円を超え、わずか６年で10倍の１億円に達したものもあります。

私の経験から言えることは、経営者がＥＣサイトの重要性を認識し、真摯に取り組む会社は伸びているということです。担当者任せではいけません。その理由も、本書で説明します。

本書では、私たちがこれらの会社のＥＣサイトを構築、運営するなかで検証してきたノウハウを、余すところなくお伝えします。

多くの場合、結果が出ないのは考え方ややり方が間違っているだけです。商品力があるならば、正しい考え方・やり方をすれば、ＥＣでも必ず結果はついてきます。

「良いものをつくっているのに、なかなか買ってもらえない」と嘆くものづくり企業の皆さんの力になり、日本のものづくりを応援したい。そうして日本を活性化したい、という思いが私にはあります。

商品に情熱と愛情を注ぎ込んでいるメーカーの皆さんの力になれれば、本書を発刊する意味があります。ぜひとも御社のＥＣサイト構築の参考にしてください。

あなたの商品が、もっともっと世に知られることを願って――。

CONTENTS

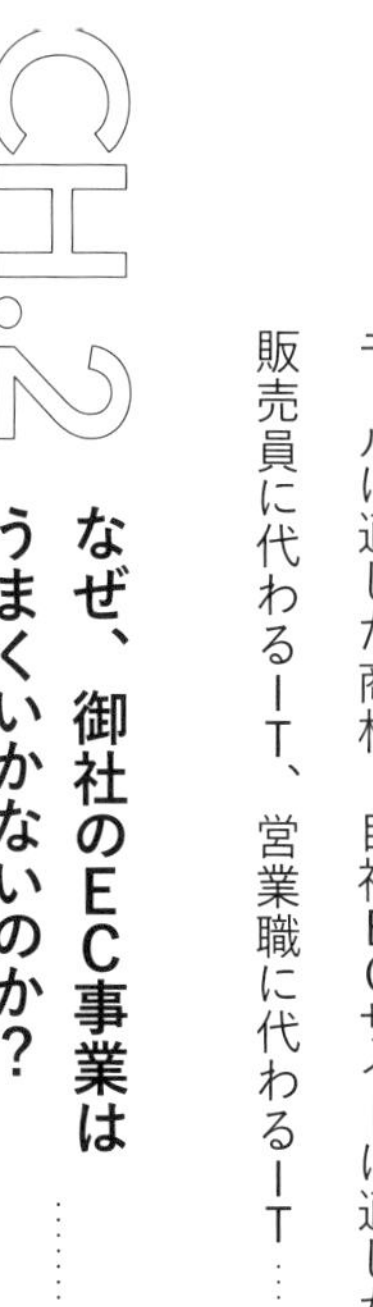

CH.2 なぜ、御社のEC事業はうまくいかないのか？

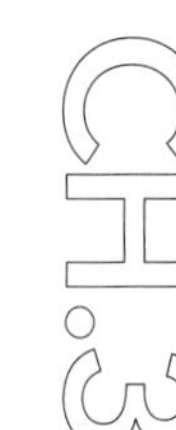

「EC事業部を社外に持つ」という発想

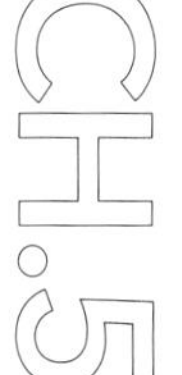

リスクとなる時代

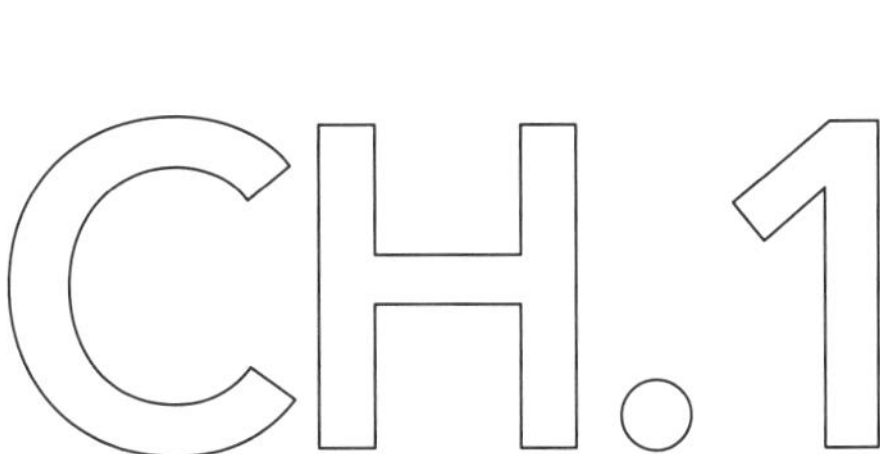

ECサイトを持たないことが、リスクとなる時代

MANAGEMENT STRATEGY TO GET E-COMMERCE ON TRACK

ECを始めるなら、別会社をつくりなさい

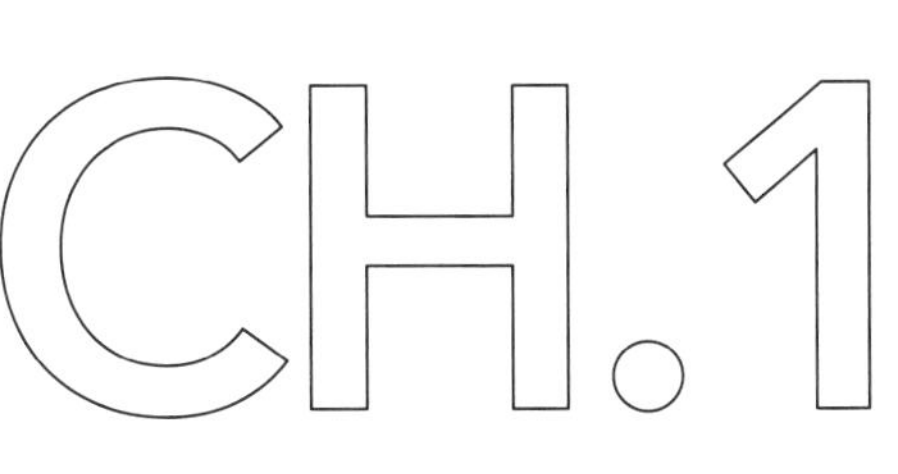

ECサイトを
持たないことが、

MANAGEMEN
E-COMMERCE

Sec. 1

変わり続ける消費行動と販売形態

これまで中小メーカーには「Amazonや楽天のような有名なモールに出店していれば、とりあえず安心」という感覚があったかもしれません。

Amazonや楽天に出店せず、自社でECサイトを持ちたいという場合に、最初は無料で構築できるSTORES（ストアーズ）やBASE（ベイス）で始めてみるという思考になります。しかし、簡単にできるからやってみるというだけでは成果はおぼつかないでしょう。

最近は、「商品が売れない」とよく耳にします。日本市場は確かに縮小しているけれども、需要がそれほど縮んでしまったわけではないというのが私の認識です。実際、わが社の顧客である家具販売の会社は、コロナ禍にあっても逆に売上を増やしています。

実店舗で落ち込んでしまった売上は、自社のECサイトを充実させることで取り返せます。

実店舗で売れないからといって需要が縮小しているわけではなく、買いに行けない、買いに行きにくいから売れていないだけです。

買いに行きやすい状態、つまりECサイトで買えるようにすれば、売れる可能性は十分にあります。もちろん、ECで売上を伸ばしていくには商品力や対応力、運用力などが必要です。

ネット上での商取引は、かつては商品にまつわるワードでネット検索していましたが、最近の傾向としては、もはや検索さえもされなくなってきています。

以前であれば、たとえば検索窓に「バッグ　赤」と欲しいもののキーワードを入力していましたが、昨今はインスタやツイッターに流れてきた写真の中から商品を選ぶ人が増えてきているようです。

SNSを活用して購買に繋げていくことを「ソーシャルコマース」といいます。

有名人やインフルエンサーが商品の良さや使い方などをYouTubeなどの動画サイトで伝えて、そこから購買に繋げていく「ビデオコマース」という売り方もあります。動画サイトからクリック一つで購入サイトに飛べるような仕組みがすでにあるのです。

さらにはこれを動画の生配信でおこなう「ライブコマース」もあります。ライブコマースはビデオコマースと違い、インフルエンサーが商品を自ら使っているところを放送しながらその場ですぐに買ってもらえるのが特徴です。

ライブコマースはすでに中国で相当流行しています。ビデオコマースやライブコマースが日本でもこれから伸びていくだろうと言われているのは、そういう世界的なトレンドがあるからです。

すでに顕在化された需要は飽和していますから、潜在需要を掘り起こしていかなければなりません。そのため、こうした宣伝販売手法が生まれてきていると考えられます。

商品は時代の変化に応じて刷新しているのに、宣伝販売方法が旧来通りでいいはずがありません。

自社商品に思い入れがある中小メーカーほど、「よい商品をつくりたいのであって、宣伝販売方法を考えるのが仕事じゃない」と考えている節があります。けれども、やはり宣伝販売方法についても、よい商品を生み出すのと同じくらいの熱量で取り組んでいく必要があるのではないでしょうか。

Sec. | 2

成長分野としてのEC市場

多くの中小メーカーの経営者は、「ECサイトが必要なことはわかっている」と言います。ところが、その必要性の中身はというと、「もうそういう時代だから」とか、「ECサイトでモノを買う人が増えるから」とか、漠然と「そうでないといけない気がしている」という程度ではないでしょうか。

まず本当にECサイトが必要なのか、その必要性について冷静に分析してみたいと思います。

私がECサイトの構築をおすすめする理由は、第一にその成長性があります。

いま、日本のEC市場は毎年伸びています。2019年のBtoC（消費者向け）のEC市場は、前年度比で7・65％の伸びを示しました（17頁のグラフ参照）。

2019年、BtoCのECの市場規模は約20兆円です。2012年が9兆5130億円ですから、7年で倍増しています。

これは「衣類・服装雑貨等」「食品、飲料、酒類」「生活家電、AV機器、PC・周辺機器等」などの物販系分野、英会話や旅行などのサービス系分野、音楽・書籍・映画・ゲームなどのコンテンツのデジタル系分野を合わせた金額です。

「それほど伸びているなら、もう飽和状態なのではないか」という疑問が出てくるかもしれません。しかし、日本の物販系分野におけるEC化率は、まだ6・76%でしかありません。EC化率とは、すべての商取引金額（商取引市場規模）に対する、電子商取引市場規模の割合を示したものです。

ということは、残りの93・24%の取引は現地での取引、または旧来型の通販ということになります。旧来型の通販とは、カタログによる電話やFAXなどを使った販売方法です。

普段からECに慣れ親しんでいる学生など若い世代にこのことを話すと、一様に驚きます。当たり前にインターネットでモノを買う世代からすると、インターネットを介した売買がごく一部でしかなく、キャッシュレス決済も取引のほんの一部であるという事実が信じられないのでしょう。

しかし、最もEC化率が進展している中国でさえ、その割合は20％程度でしかありません。世界を見渡してもこんな感じですから、日本のEC市場には潜在的な成長性が相当あることがわかります。

こうした成長性を見込んでか、政府の経済戦略上でもECの比率を高めたいという意向が見て取れます。いま盛んに推進しているキャッシュレス決済は、ECの促進とあわせて経済を活性化させたいとの思惑があるようです。

また政府は、人が集まることなく（非対面で）、さまざまなモノやサービスを売ったり買ったりして生活できる環境を整えよ

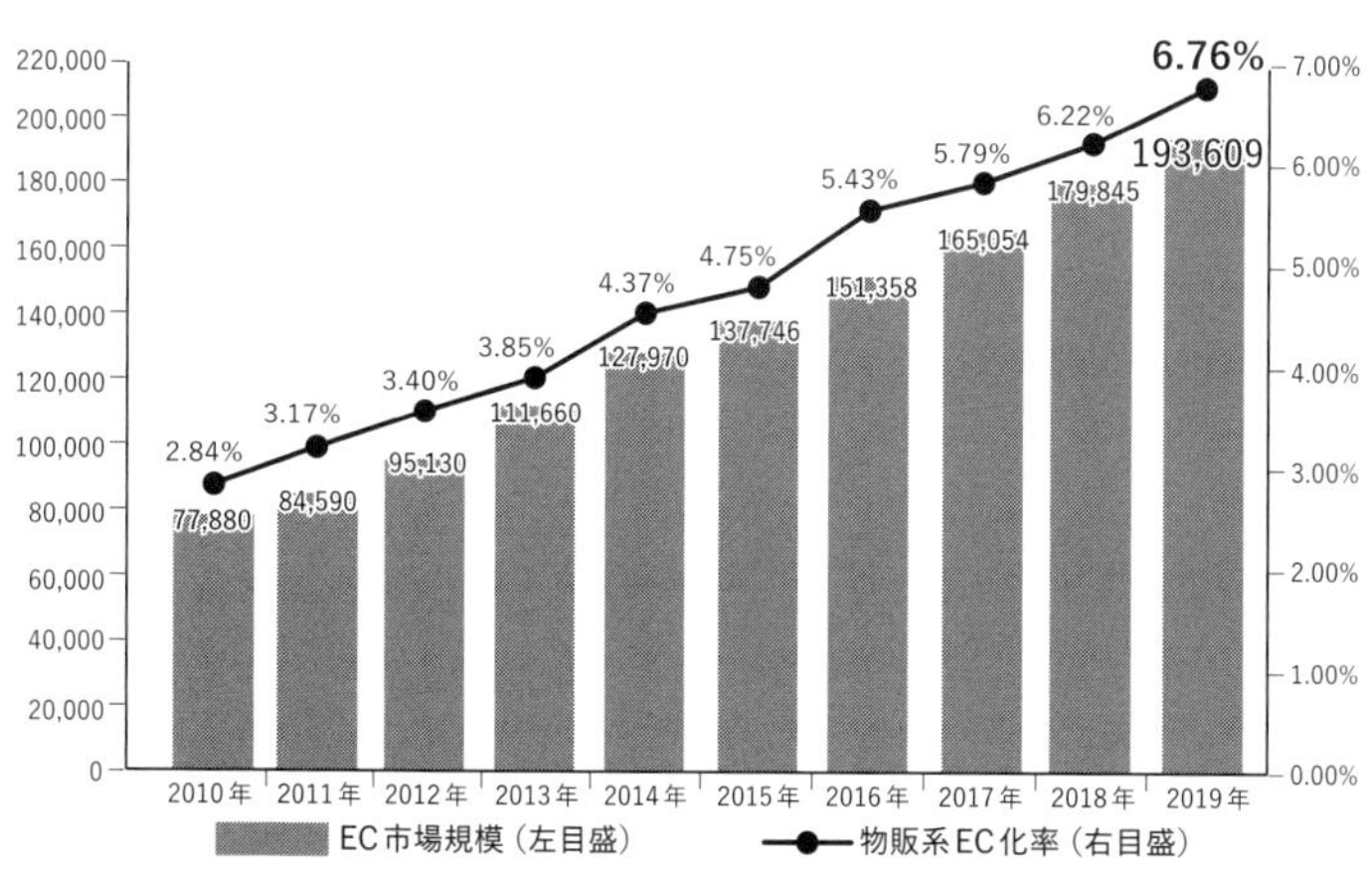

うと、企業のＩＴ導入に関する補助金や助成金も充実させています。テレワークと同等に非対面ビジネスをもっと増やしていきたいのでしょう。

非対面ビジネスを推進していこうとする動きは、コロナ禍でいっそう注目を浴びるようになったものの、実は以前から徐々に生まれてきていた流れです。それがコロナ禍によってさらに拍車がかかっている状況です。

Sec. 3

日本のEC化率が低い理由

ＥＣ化率が20％を超えている中国は、国策としてキャッシュレス決済やＥＣ化を進めていこうとする思惑が強いように思います。あらゆる分野でＩＴ化を進めることによってイニシアチブを取り、世界のデファクトスタンダードをつくろうとしている。それによって国を発展させていく戦略なのでしょう。

日本も政府がＥＣ化を支援する動きはありますが、なかなか進んでいない印象です。なぜ、日本のＥＣ化率は低いのでしょうか。

よく聞かれるのが、日本では品揃えの充実した実店舗に簡単にアクセスできるからというものです。日本全国あらゆるところに、品揃えの良いコンビニエンスストアやドラッグストアが出店しています。そういった環境ゆえに、「直接買いに行ったほうが早い」となりがちなのです。

また、心理面で抵抗感も少なからずあるように思います。これは、需要(客)側と供給(店)側の両面で見られます。

需要側としては、現金への信頼性が高いためにキャッシュレス決済が普及していかない事情があるでしょう。特に年齢が上の世代やITに詳しくない人たちは、デジタルマネーやネットショッピングに対するセキュリティ面での不安を抱えているかもしれません。キャッシュレス化に関してはむしろ、銀行口座の所有率が低いアフリカ諸国のほうが、日本よりも進んでいます。銀行口座を開設できる条件が厳しいので口座は持っていないけれど知人に送金するというニーズはある人が多く、スマホでの決済や送金が普及したようです。

そういう意味では、日本はインフラが充実しているためにキャッシュレス化が遅れたとも言えるかもしれません。

供給側としては、「問屋に対する遠慮」があります。

日本の小売業者には問屋という仲介業者と協業してきた長い歴史があります。ネット上で直接消費者に販売することは、それら問屋企業を中抜きすることになりますから、業界によってはそれが問屋との関係を悪化させるとして難しい場合があります。
たとえば、酒造業界の場合、とくに日本酒は古くから問屋の力が強いために、メーカーはなかなか直販に踏み切れません。こうした軋轢は業界としての歴史が古いほど起こりやすいのです。

まだそれほどEC化率が高まっていない日本では、実店舗での売上は大きいものがあります。業界によっては問屋からの扱われ方によって売上が大きく左右されることもあるので、問屋から睨まれるようなことはできるだけ避けたいと考えるのは経営者としてある種、まっとうな考え方です。

もちろん、そんなことを言っていられないような窮地に陥っている業界では、すでにECによる直販が伸展している場合もあります。
たとえば、出版業界では当初こそ、「Amazonには売らない」「電子書籍もつくらない」という出版社がたくさんありました。しかしそうも言っていられなくなり、最近ではほとんどの出版社がAmazonにも卸し、電子書籍も販売している状況です。背に腹はかえられないのです。

これは「ニワトリが先か、卵が先か」の議論になりますが、供給側がＥＣによる直販になかなか踏み切れないでいることも、ＥＣ化率が高まらない一因と言えそうです。人々の抵抗感がなくなってからＥＣを始めるのではなく、思い切ってＥＣをスタートする会社が増えてこそ、人々のＥＣへの抵抗感が少なくなるからです。

これまでいくら日本のＥＣ化率が低かったとはいえ、これからも低いままであるとは考えにくいでしょう。非対面ビジネスは今後も促進されていくはずです。

そのときのために、すぐにでも一歩を踏み出すべきです。なぜなら、ＥＣは一朝一夕で結果が出るものではないのですから。

Sec. 1 4

もうネットで売れないものはない？

今後、需要側の心理的な抵抗感はさらになくなっていくはずです。それは昨今のUber Eats（ウーバーイーツ）の台頭を見ても明らかです。

消費者が食料品をUber Eatsなどの宅配サービスを使って入手することをためらう要素として、割高になることが挙げられます。店側はUber Eatsに手数料を取られるため、その分を上乗せしてデリバリー用の価格設定にしている場合があります。それに加えて配送手数料とサービス料（10％）がかかります。

たとえば私の住む地域ではUber Eatsで牛丼を注文すると、店頭では並盛380円のところが570円となり、約50％割高になります。中華料理のファミリーレストランでラーメンを注文すると、店舗では538円ですが650円となり、約21％割高です。

しかし、店に買いに行ったほうが安いにもかかわらず、Uber Eatsはこれほど支持されています。スマホで簡単に注文できて現金のやり取りが発生しないことなど、これまでの出前文化よりも高い利便性が受け入れられているからです。

自分で買いに行こうとすると、部屋着から着替えて移動しなければならず、女性は化粧する手間も加わります。それらを考えると、少し割高だとしても「それでも安い」と考える人もいるのです。


昨今は、これまで対面や実店舗でないと売れないと考えられていた商材もネットで売れる時代です。

最近では、服や靴、メガネといった商品をネット上で購入するときの抵抗感を減らすために、ネット上で「試着」できるサービスも登場しています。

大型家具の売れ行きも好調です。

わが社が担当しているSIEVE（シーヴ）という家具ブランドのＥＣサイトの売上は、新型コロナウイルスの影響による〝ステイホーム需要〟も合わさって、前年から2倍の伸びを見せています。

もはや、ネット上で売れないものはない。これが現在の状況だと言っても過言ではないのです。

SIEVEのECサイト

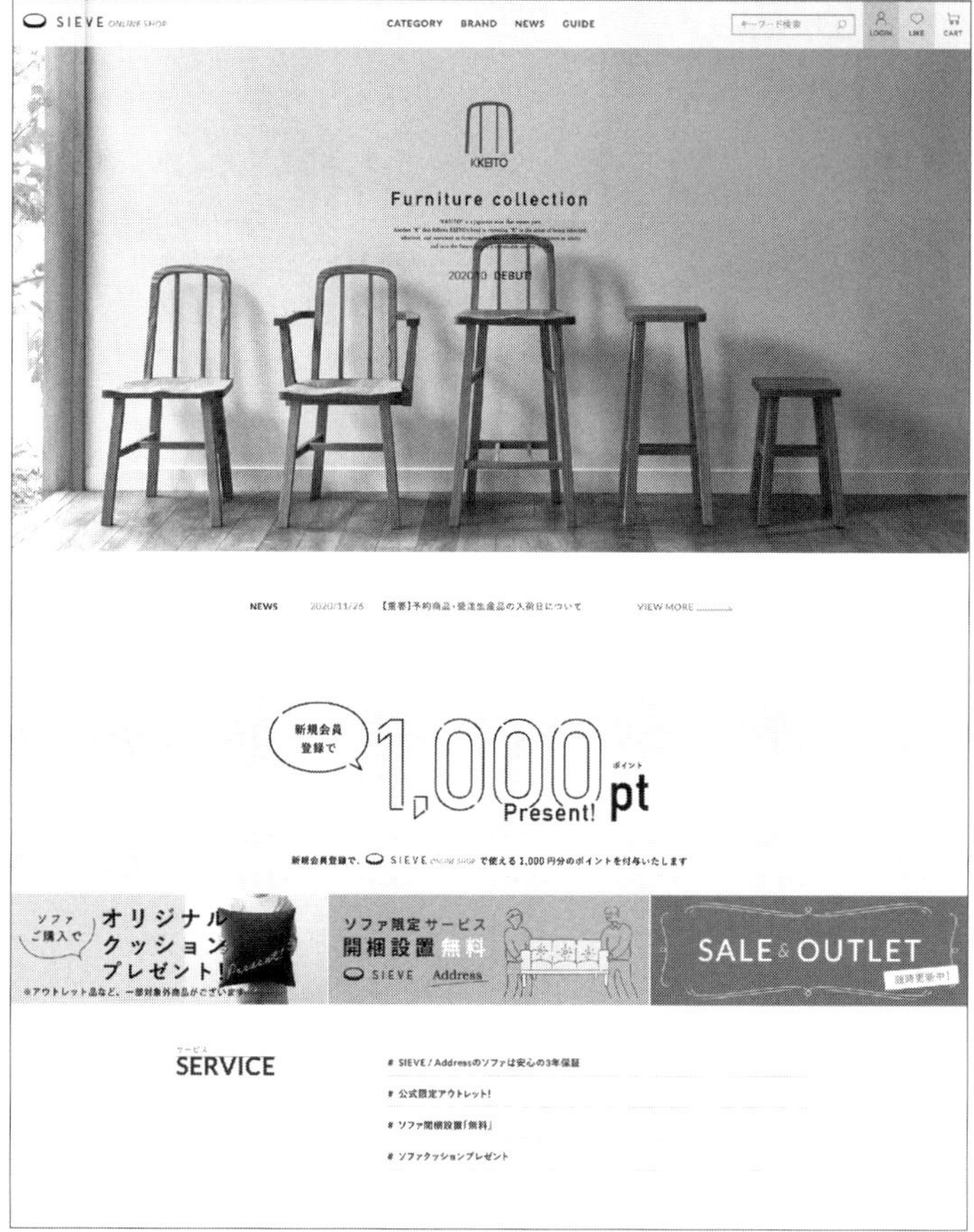

Sec.｜5

「ECでは安く売る」時代の終焉

商品を開発したら、誰もが次に「どこで」「どのように」売るかを考えます。実店舗で言うと、自社店舗なのか、百貨店なのか。自社店舗だとしても一棟借りの建物なのか、ビルの一角なのか、商店街の一角なのか……いろいろあります。

自社店舗で商品を売っていこうと考える会社は多いでしょう。一方、複数の店舗が集まる百貨店や、ECで言うモールに出店してまずは認知度を上げ、最終的には自社店舗で売上を増やしていきたいと考える経営者もいるでしょう。

ところが、そう考えて百貨店やモールに出店しても、なかなか利益が上がらないことがあります。

それなら自前のECサイトをつくり、そこに最もエネルギーを注ぎ込むほうがいいのではないでしょうか。

多くの場合、実店舗で売上が伸び悩んだとき、「今の時代はECでないとダメか」と言ってAmazonや楽天などのモールに出店します。けれども、モールでは商品をアピールするのに限界があります。

モールに掲載する情報には定型のフォーマットがあり、そこから逸脱した商品の見せ方はできません。商品アピールが他社とほぼ横並びとなり、値段だけで比較されることも少なくありません。

そのため、お客さんに自社の商品に愛情を持ってもらうことは難しく、そもそも売る側のモチベーションも上がっていきません。

お客さんとの関係づくりが難しいので、お客さんとの関係性も希薄なままです。

商品の差別化が難しい時代とはいえ、ものづくりをしている会社は、それなりに付加価値のある商品をつくっているはずです。こだわりを持ってつくった商品は、それに見合った見せ方、アピールの仕方をすべきです。それでこそ、お客さんにも愛着を持ってもらえるというものです。

付加価値には機能性やその商品が生まれたストーリーなど、さまざまな要素がありますが、それらをひっくるめて良いと感じてもらうことができれば、値段はあまり関係なくなるものです。要は、高くても買ってくれるのです。

逆に言えば、それがない限り、いつまでも価格競争に晒されることになります。

すでにコモディティ化した普遍的な価値を有する商品で、薄利多売でも利益が出る構造であれば付加価値にこだわることはありません。しかし、多くの商品はそうではないでしょう。それならやはり付加価値を高めて、価格競争に晒されない、利益率の高い商品を売ることを志向すべきです。

これからは、モールはショールームやディスプレイとして考えていくほうがいいのかもしれません。自社サイトならば、商品の良さをより具体的に伝えられるので、顧客との関係を築きたいのであれば、最終的には自社のＥＣサイトで購入してもらうべきなのです。

Sec.｜6

コロナ禍で拍車がかかる「EC時代」

これまでＥＣサイトでは売れないと言われていた商品が売れるようになったのと同時に、２０２０年3月頃からのコロナ禍で「ＥＣ時代」により拍車がかかっています。

前述したように、私たちがご支援している家具ブランド「SIEVE」のＥＣサイトでは、２０１９年より売上が2倍に伸びています。

家具は実際の大きさや質感を見たり触れたりしないと、失敗することが多い商品です。ところが、今ではＥＣサイト上で家具の大きさはもちろん、色合い、質感まで詳細な商品情報が手に入るようになりました。さらに最近ではＡＲ（拡張現実）の技術を使って、家具を置いたときの部屋のイメージを確認できるサイトもあります。家具を買ったときに自分の部屋にマッチするかどうか、確認しやすくなったのです。

コロナ禍でテレワークが進んだことも家具需要が高まった要因です。家庭の中で仕事スペースを確保するためや、長時間座っても疲れない椅子を購入するための費用を、会社が補助するケースもあり、購入の障壁が下がった側面もありました。

家具は家具でも少し高めの価格帯のものが売れるという現象も起きました。これは、外出やレジャーにかけていたお金が〝おうち時間〟を充実させるための商品に振り分けられたことも要因のひとつとしてありそうです。

コロナ以降、人々の意識が変わったこととしては送料に対する認識があります。

以前は、送料はできるだけかけたくないものと認識されていたと思います。重い物を持って移動したくないときだけ、やむなく送料をかけるという感覚でした。飲食店の出前も、どうしても外に食べにいけないときの選択肢であり、ちょっと贅沢なものという認識だったはずです。

ところが、コロナ以降は送料に対して寛大になりました。感染の危険性が高まるため外出したくないわけですから、少し料金がかかっても持ってきてもらえるだけでありがたい、と思う人が増えたようです。ＥＣと物流に対する意識も相当変わったと言えます。

時間を使うことをコストと捉え、身なりを整えて外出する時間を考えたら宅配してもらったほうがよいという考え方もあります。もちろん、外出することで気分転換になるといったメリットもありますから、特に外出したい気分ではないときは宅配を使うというふうに、消費行動にメリハリをつけているのです。

そうした時間の概念や、エンドユーザーが何を考えて日々の消費行動をおこなっているのかを的確に把握して、ECサイトのコンテンツや機能に反映すれば、世の中のトレンドを捉えたECサイトが構築できるはずです。

Sec. 7

可変性の高いECサイトが時代にマッチする理由

何でもＥＣで買えるとなると、居住に対する概念も転換が起こります。たとえば、スキーが好きな人であれば、東京に住んで週末に新潟の湯沢などに足を延ばす人がいましたが、テレワークが進んだ結果、今は逆に新潟に住んで週に何回かだけ東京に出勤する人も出てきています。

固定資産税の問題があって、古いマンションはお金を払ってでも引き取ってほしいという人が増えていますし、戸建てでも特定空き家に認定されてしまうと固定資産税が増額されるという話もあって、とにかく家を手放したいという話も聞きます。

そうした物件の中から条件のいいものを引き取って、リフォームやリノベーションをして地方に安く住む、あるいは2地域居住する人も増えていくでしょう。また、そうした空き物件を地方のオフィスとして利用したり、住んだりしてワーケーション（休暇を楽しみつつ仕事すること）という新しい働き方をする人もいます。そうしたサービスを提供するビジネスが今後もっと伸展する可能性があります。

そうなったとき、昔であれば「スーパーが遠いと買い物が不便」という意見がありましたが、いまは宅配網が発達していますからネットで購入すればよいだけです。その宅配も今後はドローンを活用した無人配送が可能になっていくでしょうから、配送料も抑えられ、ネットでの購入はさらに気軽にできるようになるはずです。

ネットを介してさまざまなサービスを受けることが可能になっているのは、テクノロジーの進化が支えている部分が多くあります。

たとえば、前述したUber Eatsです。飲食店とお客さんとの間にUber Eatsが入って双方が手数料を払うことで、飲食店と配達員、配達員とお客さんとの間で代金のやり取りをしなくてもよくなりました。

こうしたことができるようになったのは企業の基幹システムだけでなく、エンドユーザーのスマホの処理能力や通信環境が向上したからです。

これからもツイッターやインスタグラム、TikTok（ティックトック）に類するようなさまざまなＳＮＳツールが生み出されていくでしょう。そのときには、こうしたサービス提供者が予想もしなかった方法で宣伝販売に活用されるようになるに違いありません。

ＳＮＳツールのターゲットが10代や20代前半とすると、メーカー側ではこうした新しいテクノロジーや流行に敏感な世代に向けてＳＮＳ寄りの商品展開をしたうえで、最終的には自社サイトと連携するという戦略が考えられます。インフルエンサーを使って発信していくのは、ひとつの効果的な手法です。

もっと上の世代だと、グーグルやヤフーで検索して時間をかけて商品を比較検討する傾向がありますから、比較されたときに見劣りしないように他社の商品との違いを明確に打ち出すことが重要です。世代やターゲットによって当然、宣伝手法は異なるのです。それに性別、年収などによってもアプローチを変える必要があります。

さまざまな顧客のステータスによって異なる宣伝販売方法を、ＥＣでなら容易にカスタマイズできます。

もちろん、こちらが立てた仮説と異なる結果が出ることもあります。中高年向けと思ってつくったものが意外と、20代、30代に受けているとか、女性向けだと思っていたら男性も結構買っているといったことはよく起こります。

自分たちの仮説が当たっていたかどうかを検証し、即座に反映させることができるのも自社サイトの強みです。

Sec. 8

地方企業がECで得るものは大きい

かつてモノがたくさん売れていた時代には、地方のメーカーは東京に営業所を置いて百貨店で販売していくという戦略が一般的でした。それで売上を伸ばした成功体験がある経営者は多いでしょう。こういう経営者からすると、ECで本当に売上が立つのか疑いたくなるのはわかる気もします。

また、地方のメーカーは自社の商品がその地域でしか売れないと思い込んでいる場合もあります。たとえば、「お土産としては地元で定番の商品でも、洗練された商品が多く並んでいる東京では売れない」と思い込んでいる、などです。

こうした固定観念にとらわれて自由な発想ができないために売上を伸ばせないでいるのは非常にもったいないことです。

特に地方へ行くと、素晴らしいものをつくっていて売上もある程度あるのに、利益が残らないと嘆いている経営者がとても多いのです。利益が出ないからもっと売ろうとして人を雇用すると、その人の給料ぶんが稼げずに赤字になってしまうのです。

そうした中小メーカーではスタッフから「ECサイトで売っていきましょう」という声は挙がらないでしょうし、社長がECサイトで売っていこうと考えたとしても、地元のシステム会社やECパッケージベンダーに高いお金を払って「つくってもらって終わり」になってしまいがちです。

たとえば、岡山でデニム生地を使ったさまざまな商品を生み出している国内ブランドRipo trenta anni（リポトレンタアンニ）の場合は、新宿三丁目にあるマルイのメンズ館などでショップを展開して、売上を上げていました。

ただ、これ以上の売上を望もうとすると、店舗をどんどん増やすのかという話になります。店舗を増やせば家賃がかかるし、無人にしてはおけないから人件費もかかります。これが固定費としてズシンとのしかかってくることは避けられません。

そこで、2018年3月に、Ripo trenta anniのECサイトを構築することになり、私たちがパートナーとなって進めました。すると、すぐに一定の売上を上げられるようになりました。このコロナ禍でも、デニム生地のマスクを販売したところ、マスクだけで3000万円近くもの売上を上げ、実店舗の売り上げ減をカバーできたのです。

実店舗のみに頼ることのリスクは、コロナ禍で多くの業界が痛感したことでしょう。実際にコロナ禍では店舗に来るお客さんが減っただけでなく、そもそも営業で商品を卸している販売店を回るのも難しい事態になりました。

この状況下でECサイトを持っていなかったメーカーは、すぐに自分たちも立ち上げようと考えましたし、すでにECサイトを持っていたメーカーは実店舗で売れな

Ripo trenta anni のECサイト

い分をなんとかＥＣでさばかなければ、と考えたでしょう。

コロナ禍のような事態が今後、いつ起こるとも限りません。そう考えるとやはり今すでにネットで売れる現実があるなかで、実店舗のみに頼ることのリスクはどんどん大きくなっていると言わざるをえません。

実店舗に頼らず、ネット上で売上を上げようとするなら、商品を買ってくれるお客さんは全国にいます。これまでの店舗の立地による制約から解放され、居住地を問わず商品を気に入ってくれたお客さんに売れるようになるのです。

Sec. 9

モールに適した商材、自社ECサイトに適した商材

ひとくちにＥＣと言っても、商品によっては自前のＥＣサイトではなくAmazonや楽天などのモールに出品するほうが適している場合もあります。

では、モールに出品すべきか、自社のＥＣサイトをつくるべきか、どのように判断したらよいでしょうか。

たとえば、一般商材でどこよりも安くモノを仕入れることができ、それによって利益が十分に得られるのであれば、モールに出店するのが得策です。いつ誰が検索しても一番安くていいものを提供できるのであれば、です。

たとえば、「キッコーマン　しょうゆ」のような定番商品です。誰もが商品をイメージできて検索もされる。薄利多売だけれども競争力もある。手間がかからず、放っておいても右から左に売れる。こんな商品であればモールがおすすめです。

あるいは、品質は高いけれども認知度が低く、これからブランド力をもっと高めたい商

品は、モールに出店してブランド認知を上げていく手法を取ることがあります。

たとえばバッグの場合、モールで「バッグ」と検索したときに他の有名ブランドのバッグと並んでヒットして表示されることで、ブランド認知を高めることができます。モールを広告宣伝に使うイメージです。

最初はモールに出店して知名度を上げつつ、そのモールのお客さんを徐々に自社のECサイトに誘導していけばいいのです。

これは実店舗でも同じような構造になっていて、強いブランドの店舗の近くに同じようなものを売っている店舗があるのは、そのブランドの認知を高める意図があります。

ただ、こうした戦略は同時に競合の商品に埋もれてしまうリスクも伴います。商品がしっかり差別化できていて優位性がなければ、思うように売れていかないでしょう。

結局、多くの会社ではとりあえずモールに出店し、手間のかかる商品情報のアップロードや管理を雇ったアルバイトにさせることになります。

ところが、商品に対する知識も情熱もないアルバイトの場合、売上はあがっていかないので、アルバイトの人件費さえ稼ぐことができない状態になっているケースも少なくありません。

Sec. 10

販売員に代わるIT、営業職に代わるIT

ECサイトは優秀な販売員であり営業職になりえるものです。

ECサイトは、商品を紹介するだけのサイトやブランドの世界観やコンセプトを伝えるブランドサイトと違って、カートの機能があります。商品紹介サイトやブランドサイト同様に商品紹介ページがありますが、決済機能があって、実際に購入できるところが違います。これは実店舗でいえば店舗機能そのものであり、店舗にいる販売員の役割も兼ねていると考えることができます。よいECサイトはよい販売員であるわけです。

しかし、ECサイトを持つ利点はそれだけにとどまりません。

優秀な営業職にもなるのです。

自社ECサイトには本当にその商品が好きな人が集まってくるので、自分で買うだけでなく、「こういうのとセットにしたら売れるよね」とか、「海外に持っていっても売れるよね」などと考える人も中にはいて、そうした人たちの声を拾い上げることで思わぬビジネスチャンスに繋がることがあります。

販路の拡大などは本来営業マンの仕事ですが、ECサイトで商品をアピールしながら、同時に販売戦略や営業の幅を広げるツールとしても使うことができるのです。

これが単なる商品紹介サイトやブランドサイトと違うのは、カート機能があることで切実に購入を考えている人が来訪することです。それだけデータの信憑性を担保できるのです。こうしたサイトを運営することで商品企画の発想も広がっていくという副次的な効果もあります。

自社ECサイトでは、絶えずコンテンツを増やしたり内容を修正したりしなければなりませんが、コンテンツを制作し、お客さんの反応を見ることによって社内で発想が広がることもあります。これはモールで安売りしているだけではなかなか難しいでしょう。

こうしたことができるのも、顧客との関係性を構築できる自社ECサイトならでは、と言えるのです。

あるメーカーでは、お客さんから「ここで働きたいのですが、どのように応募すればいいですか」といった問い合わせがたくさん来るそうです。商品の使い方や会社のこと、商品が生まれた背景をしっかり伝えることによってファンをつくることで、商品を販売するだけにとどまらないメリットがあるのも、モールとは違った自社ECサイトの魅力と言えます。

いかないのか？

CH.2

なぜ、御社の EC事業はうまく いかないのか？

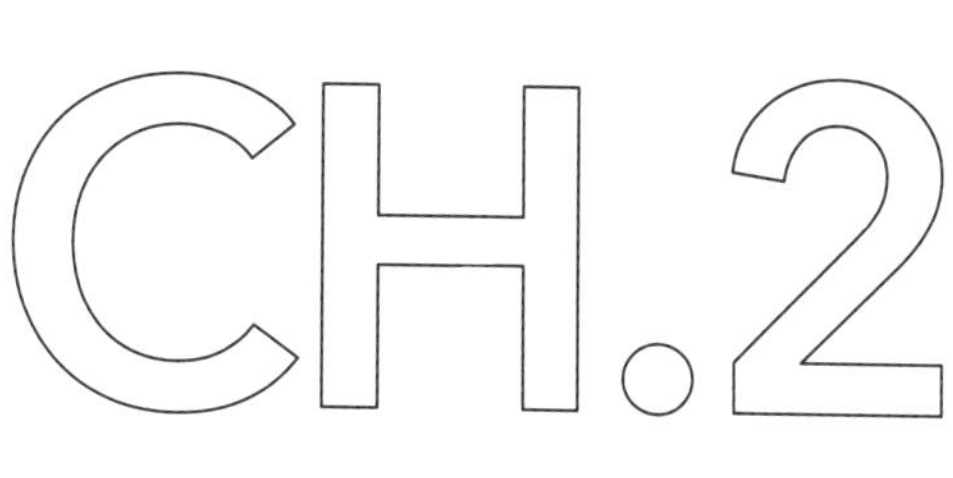

なぜ、御社の
EC事業はうまく

Sec. 1

ECサイトがうまくいかないのには理由がある

何事にも原因と結果があるもので、それはECサイトの成功や失敗においても同じです。売れない理由を時代やお客さんのせいにするのは簡単ですが、嘆いていても事態が好転するわけではありません。

私が20年この業界にいて、いろいろな会社を見てきた経験から言うと、ECサイトで利益が上がらない会社には主に次に挙げる8つのうちいずれか、もしくは複数の要因があります。

当てはまる項目がないか、点検していただければと思います。

問題1

ECサイトの立ち上げに手をかけていない

「ECに詳しい人」を担当者にしているか？

ひとつ目の問題として、経営者のなかでECサイトに対する優先度が低いために、ECサイトにあまりリソースが割かれていない現実があります。その顕著な例が、「EC担当者の選任が場当たり的」なことです。

ECサイトの月商が1000万円以上になると、専任の担当者を据えるために新たに雇用することもありえますが、ゼロから月商300万円くらいまでなら、社員の中からECに詳しそうな人に担当させることがほとんどでしょう。

しかし、その「ECに詳しそうな人」が問題です。

「パソコンにちょっと詳しい」程度の人が選任されて、本人が途方に暮れるという話はよく聞きます。パソコンに詳しいとしてもECに詳しいわけではないのに、どちらも詳しくない人間からすると、同じようなものに思えてしまうようです。

これは私にも心当たりがあります。

私が新卒で入社した商社でのことです。当時はまだWindows95の時代で、大学生だった私はブラインドタッチをするだけのゲームをよくやっていて、ブラインドタッチだけは得意でした。すると、私がキーボードを打つ様子を見た先輩たちの間で、「あいつはパソコンがすごい」ということになったのです。

私ほど極端でなくとも「君、興味あるでしょ」「興味はありますけど」という程度の軽いやり取りで担当者にされてしまっている人は多いのではないでしょうか。

こうしてECサイト構築の責任者にされてしまった担当者がまず考えるのが、Amazonや楽天などモールへの出店です。

その状況でまず何から勉強しようかと考えたとき、視野に入ってくるのが研修や講座でしょう。

楽天には「楽天大学」という、楽天市場に出店して管理運営するためのノウハウを教えてくれる研修コースがあり、そこへ数十万円を払って半年間、通うことができます。

楽天大学で学んで楽天市場に出店したはいいけれど、思ったより売上が増えず、そこから商品のことを勉強しはじめて、踏ん張りながらがんばっているケースがよくあります。一方で、たまたま楽天市場で売上が増えて、EC担当のマネージャーのようになっているけれども、商品知識が足りないと感じている人もいるでしょう。

実は、ECの売上を増やすには、ECの知識のほかに商品知識もかなり重要です。EC担当者はネット上での販売員であり営業部員なので、お客さんからメールで問い合わせがあれば、内容によっては営業や販売の部署に確認する必要が出てきます。商品を開発した人にスペックを聞くこともあります。

本来はEC担当者として責任を持って取り組めば、ECの売上が上がるだけでなく、商品のことも誰よりも理解できるようになるため、商品愛が生まれるはずです。しかし、ECの使い方を覚えてツールを使いこなすのに精いっぱいになり、お客さんに愛情を注いで対応することは二の次になっていきます。

商品のことを熟知している、社歴の長いベテラン社員をEC担当者にすることも考えられますが、多くの場合、本人がやりたがりません。会社としてもベテラン社員を試験的な取り組みにかかりきりにするのはもったいないと考えてしまいます。そうなると結局、「パソコンに詳しそうな若手」に白羽の矢が立つことになるのです。

経営者がECサイト担当者をうまく選べないのは、知識がないためにどんな人が適任なのかわからないからです。もしくは適任者がどんな人かわかってはいても人材がいないという場合もあるでしょう。いずれにせよ、ECに詳しくない人を安易に担当者にすることで、立ち上がりが遅れることには違いありません。

担当者に丸投げしていないか?

また、ECサイトが失敗するケースとして、経営者が担当者任せにしていたり、会社として外注先任せになっていたりする場合もよくあります。

ECサイトをホームページに少し毛が生えた程度のものと考え、期待していない経営者も多い印象です。そのため、毎月費用を払っているにもかかわらず、「こんな商品が出たから載せておいて」とか、「デザインをちょっと変更してほしい」といったことぐらいしか要望しません。アクセス数すら確認していないことは日常茶飯事で、「売れたらラッキー」くらいに思っている経営者も多いのです。

ECサイトは一応持っているけれども、何が良くて何が悪いのかさえ、そもそもわかっていない企業が半分以上ではないかと思います。

評価も分析もできなければ、もちろん改善していくこともできません。さらに、経営者が担当者に丸投げし、社内に一人しかいない担当者が孤軍奮闘するような状況では、担当者のモチベーションも上がっていきません。

やはりＥＣをひとつの事業として捉え、経営者自身が熱を持って取り組み、担当者にもその熱を伝播させていく必要があります。

問題2

Amazonや楽天のモールに出せば売れると思っている

「いいものをつくっていれば、誰かが見つけてくれる」のか?

「いいものさえつくっていれば、誰かが見つけてくれて売れるはずだ」と思っている経営者もいまだに多いように思います。つくったものに誇りを持つ職人肌のメーカーが陥りやすい思考です。

しかし、やはりいまは、知ってほしい人に自分がつくったものの情報を熱心に届けていかなければ、売れない時代だと思います。

Amazonや楽天などのモールには人が集まるので、消費者に情報が届きやすく、モールに出店すれば売れると錯覚してしまう人もいます。

ところが、モールでは自社商品の閲覧数は増えるかもしれませんが、それと同時に多くの似たような商品の中に埋もれてしまう危険性もあります。誰もが認めるような新規性があり、マスコミにバンバン取り上げられるような商品力があれば別です。自社の商品がそうしたポテンシャルを秘めていると思いたい気持ちはわかりますが、客観的に商品力を見定める冷静さも経営者には必要ではないでしょうか。

さらには、すでにお話ししたとおり、モールの限られた商品紹介スペースを使って消費者に伝えられる情報は決して多くはありません。その結果、価格競争に陥りやすくなってしまうのです。

つくり手の想いを十分に知ってもらったり、ブランドの世界観を伝えたり、消費者を啓蒙したりするのは、やはりスペースの制限がない自社のＥＣサイトが有利なのです。

商品によってはモールでは売れにくかったり不利な戦いを強いられるケースがあることを知り、自社のＥＣサイトでブランド認知を高め、商品やブランドについて知ってもらうことも検討するべきです。

問題3

ツールを使いこなせていない

「使える」と「使いこなせる」は違う

自前のECサイトをつくろうということになり、パッケージ型のECサイトを構築したとします。パッケージ型というのは、基本的なECサイトの機能が含まれている土台のシステムを入れ、必要な部分だけカスタマイズする方法です。

パッケージ型のECサイトの管理画面は、モールのそれと違って、ブログのように非常に細かい設定ができるようになっています。パッケージは多くの会社に導入することを前提に開発されているので、設定が複雑になるのです。

たとえば、送料の設定においても「一律」の他に地域によって変えることができたり、地域といっても、たとえば「北陸をどこまでと規定するのか」といったことや、離島への配送について、複数配送するときはどうするのかなど詳細に設定できます。

これらをすべて管理画面で定義していくわけですが、これらの設定方法をすべて覚えようとすると、相当な時間がかかります。

私がかつてパッケージベンダーにいたころは、導入先の企業の担当者に何日も来社してトレーニングを受けてもらっていました。おそらく今でもパッケージを販売しているベンダーではそうしたトレーニングを受注先に対して提供しているはずです。管理画面の操作方法だけでなく、ページのデザインに関するトレーニングをすることもあります。そうなると、担当者の負担はかなりのものになります。

こうなると自社ECサイトを使えるかどうかという段階で話が止まってしまい、本来、その先でしたいはずの売上の話に至らないこともよくあります。

なんとか送料やデザインの設定方法を習得したとしても管理画面の設定の仕方がわかるというだけで、「使いこなす」ところまで行っていないことがほとんどです。

「使える」ことと「使いこなす」ことは違います。使いこなしてこそ、ECサイトの本来の能力を発揮することができるからです。そうであるなら、「使いこなす」の部分はプロに任せたほうがいいケースもあるでしょう。

ツールを効率的に使いこなすために必要な、担当者が作業しやすいような環境づくりが会社でおこなわれていないという問題もあります。

たとえば、単純な話で言うと「サイト管理者のパソコンのモニターが2台体制になっていない」といったことです。

サイト管理者の場合、設定を変更するとECサイト上でそれが反映されているかどうかを確認するという作業が発生します。そのとき、片方のモニターに管理画面を表示し、もう片方のモニターにECサイトを表示しておくと、効率的に作業を進められます。反映を確認するためにその都度画面を切り替えるのは不便です。画面分割するなどして無理して小さい画面で確認しようとすると、思わぬ見落としが出る可能性もあります。

それだけのことなのですが、その必要性がわかっていないと、担当者が仕事しやすい環境を整えることひとつを取っても難しいのです。

問題4

ECのプロでない業者にバラバラに依頼している

縦割りの仕組みの犠牲者になっていないか？

経営者にはこれまでECを成功させた経験がなく、パソコンに詳しいスタッフがECに詳しいわけでもない。とすれば、「プロに外注する」という選択肢が浮上します。

ところが、その依頼する「プロ」が問題です。

決済処理などの裏側の開発を依頼してもデザインはできないので、また個別に専門の業者に外注しなければならない、あるいはパッケージ型のECサイトを導入してサイト自体はできたけれど、ネット広告やPR記事の作成は別のところに個別に依頼しなければならない、といったことがよくあります。

ECサイトをつくってもらった業者に「こういうことがしたいんですけど」と相談すると、「うちではできないんで紹介しますよ」と言われることもあります。業界が縦割りになっているため起こる現象です。

専門性が高いように見えて、実はそれぞれのプロがバラバラに仕事をしているだけなのです。おそらく、ECサイトの構築なら構築、デザインならデザインだけやっていても儲かるからなのでしょう。ビジネスとして効率はいいのかもしれませんが、それがお客さんにとって効率的なものになっていない現状があります。

デザインについて言えば、「この仕組みに優位的なデザインは何か」や「この仕組みの中で売っている商品に対してはこういう見せ方のほうがいい」というよりも、ただカッコいいかどうか、キレイに見えるかどうかが判断基準になっていることもあります。

デザインについてフロントになるシステム開発会社に話してもデザイナーにその意図が伝わっていなかったり、何人かを介して伝える過程でニュアンスが少しずつ変わっていったりして、意図したデザインの改変がおこなわれないことも珍しくありません。

実店舗でも、店舗をつくる人と商品を売る人と商品企画を考える人が全部違うのは当たり前です。しかし、実店舗の場合は、その全体を統括する人が必ずいるはずです。

ECも、システムを構築する人とデザインする人、メニューを考える人はすべて異なる人が担当します。実店舗と違うのは、ＥＣサイト全体を統括する人がいない状態になりやすいことです。依頼している側の経営者やＥＣ担当者が統括する役割を担えたらよいのですが、「専門的なことはわからない」となりがちです。

実店舗と同じように、経営者やＥＣ担当者は全体的な視点を持って、システムを構築する人やデザインする人にそれぞれ指示する必要があります。デザイナーには、「こうして売りたいから、デザインはこうしてくれ」と言わなければいけないのです。それをシステム開発会社に「ＥＣはお宅に頼んだら全部できるんじゃないの」と言ってお任せにするのはあり得ない話です。

売上に責任を持つ業者はほとんどいない

全体を統括する人がいないと、ＥＣで売上を上げたいと思っていても、その要素となるパーツをつくっている人たちと同じゴールを目指していないという事態に陥ります。ＥＣサイトで個々の「プロ」に任せて、これで売れるぞと思って始めるのですが、「プロ」たちは売上には関与しないから売れなくても誰も責任を取りません。実店舗の売上については経営者が厳しく判断していくのですが、それがことＥＣサイトになるとなぜか責任の所在があいまいになってしまうのです。

ＥＣサイト構築の目的は言うまでもなく、売上であり利益であるのですから、そのためにどんな方策を打つのが費用対効果がよいのか考えなければなりません。にもかかわらず、包括的にＥＣサイトを二人三脚で運営してくれる業者がほとんどないのが現状です。

あったとしてもナショナルクライアントしか相手にしない大手のシステムインテグレーターなどになってしまいます。

ＥＣサイトのシステム開発会社が部分的にしか関与できないのは、当然と言えば当然です。そもそも彼らは網羅的なビジネスを考えてはいないのです。

私もかつてパッケージベンダーにいたのでわかるのですが、パッケージベンダーは通常お客さんから「どうやったらサイトで儲かるんですか？」と相談されても、「広告をやったほうがいいかもしれませんね、詳しい人を紹介しますよ」程度のことしか言えません。

システム開発会社が売上について相談されても、「餅は餅屋だから……」としか言えないでしょう。それでまっとうなアドバイスができるのであれば、経営コンサルタントの仕事をしているはずです。

わが社は「ショップアシスト」というサービスで、顧客のECサイトの構築からデザイン、運用代行、戦略立案、宣伝広告まで一手に引き受けています。しかし、わが社のように、発注元の売上や利益に関与しようとする業者はほとんどないのが実状です。ここをよく理解したうえで業者に発注する必要があります。

問題5

見えないものにお金を払いたがらない

「ECサイトは、お金をかけてやるものではない」と思っている

ECサイトでは安くなければ売れない、そのためにはECサイトにかける費用も安く済ませる必要があると思い込んでいる経営者もいます。

都内に本社を置く、欧州から商品を輸入販売している会社の例を紹介しましょう。その会社は、以前からECサイトを持ってはいたのですが、「在庫管理の仕組みを流用してつくってみた」という程度のものでした。

というのも、当時は自前の店舗のほかに百貨店にも出店していたので、直販となるECサイトでは「実店舗と同じ値段では売れない」という思い込みがあったようです。

そのため、自社ECサイトの構築や運営にそれほどお金をかけられなかったのです。

実店舗の場合は、目に見えて店舗が存在し、働いている人も見えるので、そこに費用が

発生するのは当然だと思えるものです。一方でそれがECサイトになると、PC画面の中だけのものに思え、実店舗ほどコストがかかっているという実感がわかないので、同等の値段をつける理由がないように思えてしまいます。

ところが、彼らが商品を卸しているECサイトでは、自分たちのECサイトよりも高い値段で売って実績を上げていました。

商品を卸している側からすれば、売れるのはありがたいけれど、なぜ彼らは自分たちよりも高い値段で売れるのだろう？　と不思議に思います。

そこで2019年ごろから、私たちと自前のECサイトを構築しなおして、ネット販売に力を入れるようになりました。現時点ではまだ卸先に先行されていますが、ECサイトでの売上は順調に増えてきています。

自社ECサイトにエネルギーを注ごうと本腰を入れる会社は、まだ少ないと言えます。

ネットショップについては、メインの売上をつくるチャネルとしては考えておらず、「業者に任せておけばいい」という姿勢の会社が多いというのが、私が多くの経営者と面会したうえでの実感です。

成功報酬を受け入れられない

そもそも、ＥＣサイトはそれほどお金をかけるものではないと思っていて、業者にかけるお金を必要な費用として見られていない経営者もいます。

わが社が提供するショップアシストでは、ＥＣサイトの構築から運用、宣伝まで包括的にかかわり、パートナーとしてＥＣ事業の売上や利益を追求します。そのため成功報酬として売上額の10％をいただく契約をしています（月額利用料金の最低額は10万円としています）。

私たちはＥＣサイトの売上を上げるために、毎月いただくランニングコストのなかで、小さなバージョンアップやさまざまなリニューアルを随時おこなっています。その結果として売上が増えているということが、経営者によってはなかなか理解されない場合があります。

ＥＣをあまり重要視していない経営者の場合、売上が増えると「商品力がよかったから」「ＥＣだから儲かった（どこの業者でやっても儲かった）」「コロナ禍だから」というような「たまたま論」に終始してしまいます。

こうなると、売上額が上がるほどに成功報酬10%がコストカットの対象に思えてくるようで、成功報酬料率を交渉してくる経営者もいます。

一方でECサイトに本気で注力しようとしている経営者は、成功報酬は理にかなっていると考えているようです。自分たちだけで試行錯誤するよりも、土地勘のあるプロに一緒にゴールを目指してもらうほうが効率的であり、そのために、成功報酬という仕組みが有効だと知っているのです。そうした会社のサイトは売上が伸びていますし、利益も増えています。

店舗の売上が変わらないのにECサイトでだけ理由もなく、たまたま売れることはありえません。売れる努力をしたECサイトだけが成長することができるのです。

問題6

古い情報、古いシステムのまま運用している

古くなったサイトを変えられない

ＥＣサイトをすでに持っている会社であっても、古い情報、古いシステムのまま運用しているため、ＥＣサイトの売上がジリ貧になっている場合があります。

たとえば、写真のフィルムをつくっている会社が、デジタルの時代になってもまだフィルムに固執するようなものです。フィルムのニーズが減ることがわかりきっているのに、現状の売上を見限ることができないのです。

これと同じことがＥＣサイトのパッケージでも起こっています。パッケージで構築されたＥＣサイトがあればあるほど大きなバージョンアップができず、つぎはぎのシステムになってしまっているケースは珍しくありません。それは有名な上場企業が提供するパッケージも例外ではありません。

特に、お客さんがたくさんいるSaaS型（クラウドサーバーにあるソフトウェアをインターネット経由でユーザーが利用できるかたちのサービス）のビジネスを展開しているシステム開発会社は、大きなバージョンアップをしたくても影響範囲が大きいためになかなかできないでいます。

「ECサイトは常にアップデートが必要」と言うと、「そんなに頻繁にアップデートしなければいけないのか」と考えてしまう経営者は多いと思います。

しかし、考えてみれば家電でも毎日使っていれば10年ぐらいで壊れるのは珍しいことではありません。ビジネス環境が急速に変化する時代に、ビジネスで使うシステムを10年より短いスパンで変えていかなければならないというのは理解できるはずです。

実店舗を考えてみても同じです。売れている店舗ほど、マイナーチェンジをくり返しています。たとえば、コンビニであれば電灯をLEDに替えたり、イートインスペースを設置したり、毎日、常に掃除を行ってメンテナンスしているはずです。それと同じことがECサイトにも言えるのです。

システムは一度構築すると、あとは保守だけで何十年も使えると思っている経営者もいます。しかし、パッケージ型のシステムを導入した場合、そのシステムの経理上の償却期間は6、7年に設定されています。ということは、それぐらいの期間で無価値化するものということです。

リース市場を見ても今は契約期間が3年とずいぶんと短くなってきています。それだけ技術革新のスピードが速いのです。

システムのパッケージを購入するということは、一軒家を買うようなもの。建てて終わりではなく、庭の手入れもしなければならないし、何年か経ったら外壁塗装も必要でしょう。これと同じであることをよく認識しておくことです。

システムにおいても保守費用は必要で、その中にクリーニング的な作業やセキュリティを担保する項目も含まれています。マンションの管理費の中に掃除代金やホームセキュリティにかかる費用が含まれるようなイメージで考えておくとよいでしょう。

スマホ対応ができていない

バージョンアップできないことが問題になっている例として、スマホでの表示に対応できていないという問題があります。

昨今はスマホの性能が格段に向上し、スマホを使って買い物をする人が増えています。スマホで何でもできてしまうので、若い世代はパソコンを所有している人が減り、ブラインドタッチができない人が増えているという話もあります。

それほどスマホ隆盛の時代ですから、ECサイトもそれに合わせてスマホに最適化されたサイトにする必要があります。パソコンで閲覧することを前提に開発されたウェブサイトをスマホで開くと、画面が小さく非常に見づらいことがおわかりいただけるでしょう。

ところが、それが容易でない企業があります。ECサイトを昔から運用している会社ほどそうなりやすい傾向があります。それなりに売上のあるECサイトを捨てて新しくスマホ対応のサイトをつくる決断ができないのです。かといって、昔の技術が使われた古いシステムをスマホ対応にするのは相当な労力を要します。

昔のサイトはカスタマイズすることを想定していないので、堅牢かもしれないけれども、融通のきかないサイトになっていることもあります。「この機能やこのデザインをそのまま生かしたい」と考え、苦心して移植を試みるものの難しく、結局、「イチからつくったほうが早い」ということになってしまうのです。

建物で言えば、壁の可変性がある住宅であればカスタマイズの余地がありますが、日本型の建築のように柱が何本もあるとなると、リフォームできる部分が限られてしまいます。そうなると、リフォームするときにも「堅牢性を損なわないような改変」にとどめることになります。

ECサイトもこれと同じで、カスタマイズが想定されていないサイトでは、改変はそのシステムの範囲内でおこなわれることになり、自由な発想ができなくなるのです。これはECサイト上でキャンペーンを実施するときなどに障壁となります。

一時的な「会員減」を許容できない

会員の問題もあります。

ECサイトは基本的に会員制で運営されている場合がほとんどです。まずサイトを訪れたお客さんに会員登録をしてもらい、メールアドレスの有効性を確認したうえで個人情報を入力してもらいます。

会員の個人情報はECサイトのカートシステムに紐づいているので、カートシステムを変更すると会員情報も失われてしまう、ということが起こります。

たとえば、10年ぐらい前につくったECサイトのカートシステムを使っていて、月数百万円の売上があるが、スマホ対応になっていない、という場合を考えてみましょう。

かつてその会社では、パソコンとガラケーに対応するECサイトをそれぞれつくっていたとします。パソコンで見ていると、たまに左端に寄った画面が出てくるウェブサイトがありますが、あれがガラケー用です。あのサイトはスマホには対応していません。

ガラケー用のアプリやECサイトをつくるなどして成長した企業がスマホに対応しようとしてうまくいかず、スマホ全盛の時代になって苦境に立たされたことがありました。これと同じようなことが、メーカーのECサイトでも起こりえます。

昔のガラケー用のECサイトでよく売れていて、いまだに少しは売上があるために、新しいシステムに移行できないケースです。新しいシステムの提案を受けるけれども踏み切れず、昔のシステムを騙し騙し使い続けた結果、ECサイトの売上がどんどん減ってしまうのです。

スマホでこの会社のECサイトを見ようとすると、パソコン用のECサイトが出てきてしまう。こうしたサイトをスマホで見るには、画面を拡大縮小するのにピンチイン、ピンチアウトを繰り返さなければならず、手間がかかります。すると、お客さんたちはだんだんこうしたサイトには訪れなくなって、売上も下がるというわけです。

スマホに対応すべくＥＣサイトをつくりかえたり、カートを変更するときは、必要最低限の会員情報を引き継ぐようにします。このとき、同じ会社のシステムを使っていても、いくらかの会員情報は失われてしまいます。これが他社の新しいシステムに移行するとなると、それ以上の数の会員情報が失われます。

システムをのせかえるときには、暗号化したパスワードはＥＣサイトの運営者側も知ることはできないため、基本はＩＤだけを引き継いで、新たに仮パスワードを発行し、お客さんに改めて本パスワードを設定してもらうことになります。しかし、こうした手間をあえてかけようという人は当然ながら少なくなるので、下手をすると会員数は半分か、場合によっては7割減になることも十分ありえます。

ただ、逆に言えば、そうした手間をあえてかけてくれる人が、これからもお客さんになりえる人なのです。「休眠顧客が減ったとしても、これからも買ってくれるお客さんが残ってくれればいい」という考え方ができればいいのですが、お客さんを失いたくないという意識が働いて、なかなか踏み切れない場合も多いようです。

また、ＩＤをメールアドレスにしていると、メールアドレスが変わっている場合があり、こちらからの連絡が届かずに手続きができず、会員数が減るという事態にもなります。

そうした理由もあって、古いサイトが残存しているケースが多いのです。会員数が大事なのはわかりますが、それで売上が上がっているかどうかを見るべきです。

ＳＳＬに対応していないサイトも

また最近では、全ページにＳＳＬ（インターネット上におけるウェブブラウザとウェブサーバ間でのデータ通信を暗号化する技術）を使って、安全性の高いページにすることが当たり前なのですが、対応していないＥＣサイトもまだまだあるようです。ＳＳＬに対応しているかどうかは、ページのＵＲＬが「http://」ではなく「https://」で始まっているかどうかで一目瞭然です。

ＳＳＬに対応していないページは、グーグルの検索順位が下がったり、Google Chromeなどのブラウザでページを開いたときに「保護されていません」といった警告が表示されたりします。それが個人情報を取り扱うＥＣサイトであればなおさら、ユーザーに不信感や不安を与えてしまうことは想像に難くありません。

古いサイトのままで売上が上がっているのであればまだいいのですが、成長している理由を分解してみる必要はあるでしょう。売上が横ばいでアクセス数が下がっている場合は、アクセス数が増えればもっと売上が増える可能性もあるのです。

問題7

運用に手一杯で「次の一手」が仕込めない

担当者が疲弊していないか？

ＥＣサイトが軌道に乗ってくると、注文数が増えて発送作業やお客様対応の負担も増加していきます。すると、担当者がそうしたルーティンワークに忙殺されるようになり、もっと売上を増やすための「次の一手」がなかなか打てなくなります。

発送作業が忙しくなると、パートやアルバイトなどを増やして対応しようとするのですが、そうすると新人教育にも時間を割かなければならなくなります。担当者自身がＥＣサイトの管理方法を覚えながら作業をこなしているような状態だと、教育するのも一苦労で、担当者の負担がさらに増えます。

注文をさばくのに手一杯になったとしても十分に利益が出るぐらい売上が上がっていれ

ばまだいいのですが、多くの場合は担当者がひとりで対応してやっと損益分岐点を行ったり来たりするくらいのECサイトが大半ですから、アルバイトを雇えばそのぶん赤字になるだけです。

数を売らなければ利益は出ないけれども、だからといって一人でさばき切れるような量ではない、という場合が多いのです。

ならばと、発送処理の外部委託を考えるかもしれません。

しかしそこでもやはり、利益が十分に出ていないことが問題になります。利益が出ていればアウトソーシングもしやすいのですが、そうでなければまたコストが増えるだけになってしまうからです。

3PL（サードパーティー・ロジスティクス）の倉庫を置いて、発送業務を外部化することもできますが、その場合は連携部分で、たとえば「商品が届いていない」と問い合わせがあったときの確認や連絡業務が増えることも考えておく必要があります。

私たちが以前運営していた、チーズとはちみつ、ワインを販売するオンラインショップ「チーズハニー」はある時期、まさにその状態に陥っていました。

店長は、ひとりでこのＥＣサイトを切り盛りしていました。

店長の頑張りもあって売上はどんどん増えていきましたが、それに比例して店長は疲弊していきました。

あんなにチーズとワインが好きだったのに、商品が売れるたびに店長はため息をついていました。

本来ならば、売上が上がってきたら、新しいチーズを仕入れたり新しい企画を考えたりしたい。いくらでもアイディアはあるのに、問い合わせなどのお客様対応に時間を取られてしまい、「次の一手」に時間をかけられずにいたからです。

手間を省こうと外注すると、やはり利益率が落ちてしまう。その繰り返しでした。

「売れたらラクになって、次のことも考えられるだろうと思っていたのに、こんなはずじゃなかった」と言うのです。

そこでなんとか人を工面するとか、機械化するなどして販売数をさばいていかないと、その後のＥＣ全体の売上が増えていきません。

日々の業務に忙殺されてせっかく思いついたアイディアも形にできないので担当者のモチベーションは上がらず、新たな「次の一手」を生み出すこともできず、やがて売上が落ちていってしまう可能性もあります。

他の事業と同じで、一時的に赤字になったとしても、適切なタイミングで先んじて投資をしなければ、継続的に売上を上げるのは難しいでしょう。

長期的な視点がない

売上ばかり見て、利益をないがしろにしていないか

ＥＣ事業における長期的な視点がないと、結局、売上を求めるしかなくなります。外注してもゆるがないほどの突き抜けた売上を得ることができれば、ＥＣに付随する問題はすべて解決すると考えがちです。

ところが、その「突き抜けた売上」がどれくらいなのかも長期的視点がなければ判断できませんから、やはりどこまで売上を増やせばいいのかわかりません。

外部のマーケティング会社や広告代理店にＳＥＯ対策やリスティング広告を依頼しても利益が上がらず、あたかも外部企業を儲けさせるために仕事をしているのではないかと思えてくる状況に陥っている会社も少なくありません。

資金が社外に流出していくのを防ごうと、これまで外部企業に依頼していたＥＣサイト

に関する業務を内製化しようとする経営者もいますが、知識や経験が蓄積されていないのでこれもなかなかうまくいかないことが多いようです。

こうした状態から脱するためには、EC事業に長期的な視点を持つことが必要です。理想を言えば、10年とは言わずとも5年ぐらい先を見据えるべきで、少なくとも3年後ぐらいの姿を描いて毎年の戦略を練る必要があります。

私たちがEC事業をサポートするとき、基本的にはクライアント企業に1年間の計画を立ててもらいます。

しかし、月間売上が300万円を超えるあたりからは、少なくとも3年間の中長期の戦略を立ててもらうようにしています。この時期になると、売上と同時に利益率も徐々に重視していく段階になるからです。

月間売上300万円ぐらいまでは、まずは売上をあげることが最優先なので、利益率を重視しようという経営者は少ないでしょう。しかし、これ以上の売上の規模になってくると、売上が上がっているのに利益が出ていないことが気になり出します。

広告費を多くかけすぎていたり、人を増やしたために人件費が利益を圧迫していたり、何かと問題が出てきます。

私たちが支援するときは、「売上は増えているけれど、どうも利益が増えていないようだ」という情報を私たちとクライアント企業で共有することが、次の施策を考えるときの材料になります。

「配送代がこれだけかかっています」「人件費もこれだけかかっています」といった情報を共有して、利益を上げるためにはどのような構造にしたらよいかを一緒に考えていくことが次のステップになります。

さらに売上が増えて1000万円規模になると、今度は必ず長期の戦略が必要になってきます。さすがにこの規模で中長期の戦略を立てない企業は少数派です。

売上規模が月商300万円未満の段階でも、1年後、2年後、3年後とどのように売上や利益を増やしていきたいのか、中長期的な視点を持っている会社のほうが、早い成長が見込めます。これは私たちのこれまでの経験からの実感です。

中長期で考えると、実店舗との兼ね合いや、他の事業との関連の中でどのようにECサイトを位置づけていくのかについても、経営者はある程度考えておかなければなりません。そのような方向性があらかじめ定まっていれば、成長を妨げる要因を事前に排除することもできるのです。

という発想

ECを始めるなら、
別会社をつくりなさい

MANAGEMENT STRATEGY TO GET
E-COMMERCE ON TRACK

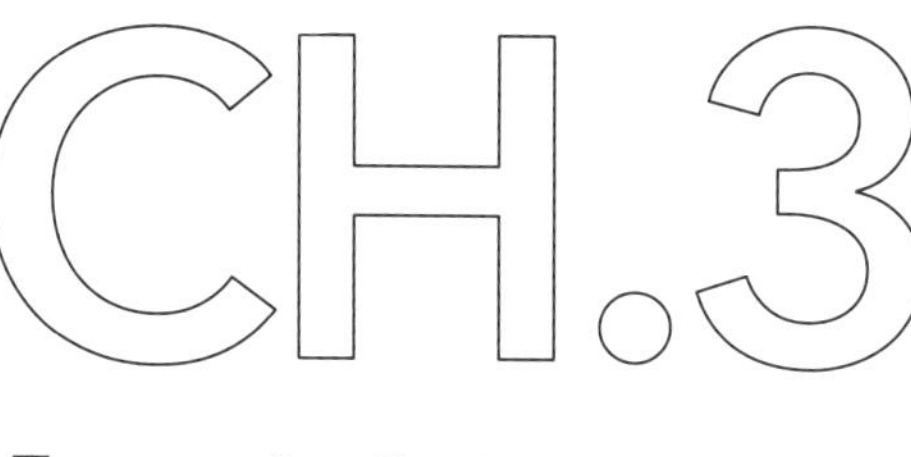

「EC事業部を社外に持つ」という発想

ECを始めるなら、
別会社をつくりなさい

MANAGEMENT
E-COMMERCE

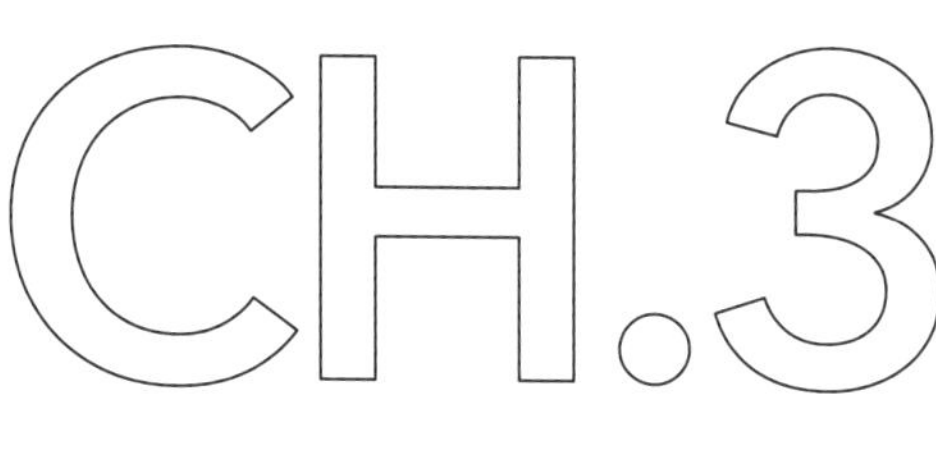

「EC事業部を社外に持つ」

Sec. 1

ECを「事業」として認識する

私たちのようなEC事業をサポートする立場からすると、ひとつの実店舗をつくるのに数千万円かけるのであれば、その10分の1でもいいから、ECサイトに投資してほしいと思います。ECもひとつの「事業」であり、ECサイトはひとつの「店舗」なのです。実際に、そのように経営者に説明することもあります。

しかし、それでも躊躇する経営者の多くは「投資しても結局、それほど儲からないんじゃないか」という考えが根強いようです。

「ECサイトの必要性は認識しているけれども、費用をかけたぶん利益が出るとは思えない」というのが正直な気持ちなのでしょう。

中小企業がファックス注文をネット経由に切り替えられなかったり、請求書や契約書を電子書類に移行できなかったりするのに似ています。「便利になることはわかっているけれど、移行する費用や手間をかけるほどのインパクトがあるとは思えない」ということでしょう。

自分たちだけでは儲けられそうもないが、その道のプロが一緒にやってくれるのなら、本腰を入れてやってみたいと思っている経営者もいるかもしれません。

ところが、ECサイトの構築を担うパッケージベンダーなどは、ECサイトの管理者向けに売上アップのためのセミナーを開催してノウハウを伝えはするものの、基本的には「じゃあ、あとは自分たちで頑張ってくださいね」というスタンスの会社が多いのです。そのため、教えられた成功事例のやり方が自社の商材に合うのかどうかの判断は自分たちでしなければなりません。

ただ、その代わりイニシャルコストやランニングコストが安いというメリットがあります。初めてECサイトを構築する会社をターゲットにしているので、彼らのビジネスとしてはそれでよいのかもしれませんが、依頼する立場からすれば「つくっただけで、あとはほとんど何もしてくれない」と思うはずです。

最近ではEC初級者向けに、ほとんど初期費用なしで簡単に始められるSTORESやBASEというネットショップ作成サービスもあります。

「安ければ売れるのだから、どんなECサイトでもいい」という認識では、早晩売上は減っていくはずです。

うまくいっていないネットショップには、ネットでモノを買わない経営者が多いのかもしれません。それだとユーザー目線で見ることができないので、人任せにしてしまうことになるのです。

反対にネットショップがうまくいっている会社は、商品力があるのは当然ですが、経営者や責任者が、ECもひとつの事業であるという認識を持って真剣にECサイトに情熱を注いでいます。私たちも「もっと勉強しないといけないな」と思うほど、関心を持って突っ込んだ質問をしてくる経営者がいる会社のEC事業は、やはり結果が出ています。

ECを本当に伸ばしたいのなら、ECを事業として考えるべきなのです。

ECサイトの基本――自社ECサイトの4つのタイプについて知る

さて、ECを始めたいと思ったときには、どのような選択肢があるのでしょうか。

メーカーが自社でつくった商品をネットで広く販売していきたいと思ったとき、すなわちBtoC市場においては、大きく分けて2つの選択肢があります。ひとつは楽天や

Amazon、Yahoo!ショッピングなどのモールに出店する方法、もうひとつは自社ECサイトの構築です。

モールへの出店は、百貨店やアウトレットモール、ショッピングモールに出店する実店舗と同じように、モールが集客し、そこに訪れた人に自分の店に訪れてもらいます。

一方、自社ECサイトを構築するには大きく分けて、「フルスクラッチ型」「パッケージ型」「オープンソース（無償パッケージ）型」「ASP（SaaS）型」の4タイプがあります。

・フルスクラッチ型

既存のプログラムコードを一切使わずにゼロからソフトウェアを開発すること。「ECサイトをフルスクラッチでつくる」と言う場合は、簡単にECサイトがつくれる既存のサービスやオープンソースを使わずに、システム開発会社がゼロから開発することを指す。自由につくれるぶん高価で、開発にも時間がかかる。

・パッケージ型

土台となる有償のパッケージソフトを購入し、自社の都合に合わせて必要な部分だけカスタマイズする。フルスクラッチ型に比べれば、費用を低く抑えながら比較的自由にカスタマイズできる点がメリットだが、カスタマイズ部分の開発には相応の費用が発生する。

・オープンソース（無償パッケージ）型

パッケージ型と同様にパッケージソフトを導入するが、オープンソース（ソースコードが一般公開されて誰もが自由に使用できるソフトウェア）を使うので、ライセンス費用が無償。導入費用を安価に抑えることができる。

・ASP（SaaS）型

あらかじめ必要な機能が揃っているECサイトを、アプリケーション・サービス・プロバイダ（＝ASP）が提供するクラウド上で利用する形式。このクラウド上で使用するアプリケーションのことを特に「SaaS（Software as a Service）」と言う。他の選択肢に比べるとカスタマイズの自由度は低い。

すでに述べたように、私は前職でパッケージベンダーに勤めていました。ECのカートのパッケージを開発して販売している会社です。当然ながら、開発したシステムを提供して導入をサポートするだけで、提供先の売上には関与していませんでした。

当時、私が担当したある生花店のECサイトが、とても好調だったことがありました。世の中の生花店がまだどこもECサイトを手掛けていない時期に、いち早くネットの世界に進出したため、目新しかったのでしょう。

ところが、その生花店も今ではたくさん出てきた競合の中に埋没してしまうようになりました。一度成功したからといって、いつまでもそのまま好調が続くわけではないのは、実店舗と同じです。

そうしたお客様たちのその後を見ながら、「つくって売る。売上には関与しない」――本当にそれでいいのだろうか、という問題意識が私の中に生まれました。これが私が会社をつくった、そもそもの発端です。

売上に関与していこうと考えるなら、ECサイトの構築だけ、販売戦略だけ、デザインだけ、といったように一部だけを任せてもらうのでは成果が出ません。そこで、ECサイトの運営経験と自社開発したECのシステムを使って、企業が社外にEC事業部を持っているかのような、包括的な支援ができるパートナーになるべく、「ショップアシスト」というサービスを展開するようになりました。「EC事業部を社外に持つ」ことは、EC事業を着実に成長させていきたいと考えている中小メーカーの経営者にとって有力な選択肢だと私は考えています。

Sec. 2

EC事業部を社外に持つという選択

「EC事業部を社外に持つ」とは言っても、「売上が立っていない段階でそんなことを考えるのは現実的ではない」と思うかもしれません。

では、どの段階で社外にEC事業部を持てばいいのでしょうか。売上がどの段階に達したときに考えていけばいいのか。それとも、ECサイト立ち上げ当初から、そうしたほうがいいのか。

私の考えでは、「EC事業で利益を残したいと思ったら、その時点で社外事業部にすべき」です。

最初はやはり、社内で取り組もうと考える経営者が大半です。楽天やAmazonなどのモール、あるいはSaaSのネットショップ作成サービスなどで安価に出店しようとするのです。

ECサイトの運営で社外に事業部を持とうとすると、利益を圧迫、もしくは赤字を拡大させるのではないかとの危惧があるからでしょう。

ＥＣサイトでは、配送や決済、広告記事の執筆や写真撮影といったそれぞれのプロがクオリティの高いものを提供してこそ商品を消費者にアピールできるのですが、そのクオリティを「プロならでは」と思えなければ、社内でできるだろうと思っても不思議ではありません。

大手パッケージベンダーからパッケージを購入してＥＣサイトを始めようとすると、仕組みを提供してもらうだけになりますから、運営は社内の人たちが自分たちの手でやらなければなりません。

確かに少し勉強してやってみたらできるので、社内の担当者は「おまえ、さすがに詳しいからできたな」となるのですが、多くの似たようなＥＣサイトに埋もれてしまって誰にも見られないものができあがるだけ、ということもあります。

20年前ならホームページをつくっただけで問い合わせが多く来たりすることもありましたが、いまは無数にあるサイトの一つでしかありません。その中から見つけ出してもらって、購入まで漕ぎつけるのは並大抵のことではありません。

たとえば、ＥＣ事業の規模を拡大したいと思ったときは、倉庫作業をすべて外注したり、ウェブマーケティングのために広告代理店を使ったり、マスコミにＰＲを打ったり、いろいろできることがあります。それらには当然、費用がかかります。利益を出したいと思っていると、「それだけの費用をかけて、リターンが確保できるのか？」という話になります。最初の月間売上何十万円のレベルでは利益が出ないのは承知の上でしょうが、これが１００万円になってくると、そろそろ利益を生む構造にしたくなってくるものです。３００万円になると、「そろそろ利益が出ていないとまずいのではないか」と考えるのが普通です。

売上３００万円までの売上成長期は、一番の我慢のしどころです。ここでコストをかけて頑張れるかどうかで、その先に進めるかどうかが決まります。

ここで外部にアウトソーシングする、社外に事業部を持つということになるとコスト増となり、それに耐えきれるだろうかと考えて、結局は断念するというケースが多いのだと思います。そうすると、規模を拡大していくことはできません。

一方で、ＥＣ事業で利益を生まなくてもいいという会社がまったくないとも言えません。

卸や他の事業部門でそれなりに収益が確保できているので、「EC事業はトントンでいい」という会社もあります。

利益度外視とまではいかないまでも、それに近い方針を持ち、その市場でまずはシェアを取るという戦略を描いている場合もあるでしょう。その場合もコストが増えるアウトソーシングや社外に事業部を持つという選択肢はあり得ないことになります。

ただ、こうした戦略を取れる企業はそう多くないでしょう。ほとんどの企業はECサイトでも利益を生みたいと考えるはずです。

そう考えたとき、常に時代に合わせて戦略やデザイン、運営方針などをブラッシュアップしていかないといけないとすると、豊富な知見と最新の情報をキャッチアップできる体制が必要になります。

そのときにEC事業部を社外に持つことが有効な選択肢になりえるのです。

EC事業部を社外に持つとはいっても、社内との連携は必要になります。

「外注でお金を払っているのだから、面倒なことは全部やってくれ」とか、「言ったことやってくれればいいんだよ」という会社だと、うまく協力体制を築けず、売上は思うように伸びていきません。ECサイトは、ECのプロだけがいても成り立ちません。商材に詳しい担当者とECのプロが連携することで、はじめて軌道に乗っていくものなのです。

発注側が「外注に頼んでいる」という意識を持っているとうまくいきませんが、パートナーとして認識している会社のサイトは、やはり成果が出ています。

Sec. 3

パートナーとの連携を阻む心理的な壁

ＥＣ事業部を社外に持つ場合、パートナー企業に運営を任せることになるわけですが、そうした選択肢を持てない理由として、システムの管理画面は社内の担当者が触るべきだという考えが根底にあると考えられます。設定画面を社外の人に触らせることに心理的な抵抗があるケースです。

というのも、ＥＣサイトを運営すると、商品販売に関するあらゆるデータを把握できてしまうからです。顧客情報など機密事項が外部に漏れてしまうのではないかと懸念している会社もあるかもしれません。

もちろん、システム開発などでも重要なデータを扱うときには守秘義務契約を結ぶため、その点は心配する必要はありません。

ただ、すでに述べたように、ＥＣ事業部を社外に持つということになると、そのパートナーを探す必要がありますが、その選択肢は今のところそれほど多くはありません。

ツールを提供する業者はECサイトを構築して引き渡すだけですから、EC事業に取り組もうとする会社は独学で売れる方法を編み出すしかありません。結局、ECサイトの質が上がらないのでエンドユーザーの利便性も上がらず、EC利用率も欧米や中国に比べて低いままというわけです。

楽天やYahoo!ショッピングなどモール自体は非常に儲かっているのに、そこに出店しているEC事業者がほとんど儲かっていないのは、そういうところにも原因があります。

Sec. 4

ECで商品企画力、販売力を上げられる

今は、ECサイトに対する認識を改めるというよりも、モノの売り方そのものを変えていかなければいけない時代です。

今では少なくなりましたが、少し前までは「ネットなんかで売れるはずない」とか、「ネットで売れるかどうかは運みたいなもんでしょ」という経営者さえいました。

今でもそこまではいかなくても、ECサイトを構築することは実店舗をつくることと同じなのだと認識している人は相当少ないように思われます。

自分たちのECサイトをつくるのではあれば、実店舗をつくるのと同じように、ターゲットを絞り、コンセプトを決め、サイトのデザインを考え、店の中の動線について思案することが必要です。「新宿店」「渋谷店」をつくるのと同じように「ウェブ店」をしっかりつくるのだという意識でやるべきです。

ＥＣサイトで売上が増えていくと、自分たちの商品はどういう人に支持されるのか、どういう言葉が効くのかなど、実店舗のマーケティングにも活かせるデータが集まってきます。たとえＥＣサイトで最初から爆発的に売れなくても、商品の企画や販売戦略などにも充分に生かせるネタが落ちてくるのです。

ＥＣサイトをつくって売上のデータだけを見て一喜一憂するのでは、ＥＣサイトの本当の長所が生かせません。直販できるだけでなく、マーケティングに活かせるデータが得られることもＥＣサイトの大きな利点なのです。

「実は、ＥＣサイトをつくれば、商品がネットで売れるだけでなくマーケティングにも生かせるんですよ」と経営者に説明しても、ポカンとする人が大半です。

何度も言うように多くのＥＣサイトのシステム開発会社は、サイトを構築して終わりだったり、更新作業を言われたとおりやるだけなので、そんなことをこれまで言われたことがないのでしょう。

ＥＣサイトのアクセスデータを解析して、どんな人が見てくれているのかを知ることがマーケティングには重要です。年配向けの商品として販売していたのに、意外と若い人たちが購入しているというデータが出れば、「広告を若者向けにしましょう」とか「ニーズがあるので若者向けに新しい商品を企画しましょう」といった提案もします。私たちが得意とするのはまさにその領域なのですが、他のシステム開発会社ではこうしたサービスを提供している会社はほとんどありません。

Sec. 5

IT知識がなくても商品知識があればいい

ＥＣ事業部を社外に持てば、今までＥＣサイトの運用で時間を取られていた社内の人が本来の業務に専念できるようになります。

商品企画部の人であれば、商品企画に注力できるようになって商品力が上がったり商品数が増えたりするでしょう。自分たちの商品を深掘りしていき、商品の新しい活用の仕方を思いついたり、イベントやキャンペーンを考えたりすることもできるはずです。

一方で、社外のＥＣ事業部は「ＥＣサイトでこういう仕掛けをしたいのですが、あなたの会社の商品でできませんか？」と提案していきます。すると、商品のことを誰よりもよく知る人が「この商品ならこういう展開ができる」と、互いに強みを補完しながら企画を進めていくことができるのです。

こうしたことを考えられるのは、その商品を熟知し、愛情と情熱を持っている社内の人であればこそ。

商品に詳しい人にこそ「次の一手」を考えてもらうのです。そうすることで、永続的なECサイトの成長を企図することができます。

ですから、私たちのようなオンラインショップ運営業者（パートナー企業）と協業するときには、パソコンやECに詳しい人ではなく、誰よりも商品に詳しい人を担当に付けてほしいのです。

EC事業部を社外に持つときには、担当者にECの知識は必要ありません。知識はないよりはあったほうがいいのですが、必須なわけではありません。

お客さんからの問い合わせが入ったときに「どのように対応しましょうか」というスタッフからの問い合わせに対して、しっかり答えてくれる人であればいいのです。

ツールの操作を覚える必要もありません。学びたければ、私たちが教えることはできますが、ツールをしっかり使えるようになるだけでも相当勉強する必要があり、それなりの時間を要します。知識のアップデートも必要になりますから、負担を少なくしたいのであればECの技術的なことについてはパートナー企業に任せたほうがよいでしょう。

要は「餅は餅屋」で、ECのことはパートナー企業に任せ、商品の企画やマーケティングは自社でしっかり取り組んでいくことが最も効果が出るアプローチなのです。それぞれがプロとして持ち場を充実させていくことで、強いＥＣ事業部をつくり、ＥＣ事業を大きくしていくことを目指すべきでしょう。

Sec. 6

社内の担当者が運用に忙殺されない

前章でも述べたように、ＥＣサイトが軌道に乗ってくると、注文数が増えることで商品の発送やお客様対応などの業務も比例して増えていきます。すると、担当者がこれらの業務に忙殺されるようになります。

担当者が日々の業務で手一杯になってしまうと、その担当者の本来の業務であった商品企画や広告宣伝戦略などにおいて「次の一手」が打てなくなります。すると、目新しさもなくなり、売上が下がっていくことがあります。

社外にＥＣ事業部を持てば、そのＥＣ事業部を一緒に運営するパートナー企業が発送やお客様対応などの業務を担ってくれるので、社内の担当者はそうした運用業務から解放されます。

人手が足りないからと社内で新たに社員を動員したり、パートやアルバイトを雇ったりして、その人たちをゼロから教育する作業も発生しません。

社内のＥＣ担当者は基本的に、パートナー企業から来る問い合わせに返答したり、イレギュラーなケースの相談に答えるだけでよくなります。

ＥＣ担当者とパートナー企業との関係が年数を経て深まっていけば、わざわざ問い合わせに答えなくてもパートナー企業のほうで判断することも多くなっていきます。すると社内の担当者が答えなければいけない問い合わせの数自体が減っていくので、社内の担当者の負担はさらに軽くなっていくのです。

Sec. 17

他社で成功した方法を取り込みやすい

ＥＣ事業部を社外に持つ、つまり一緒に自社のＥＣサイトを運営してくれる社外のパートナー企業とタッグを組むと、作業工数を削減できる以外にもメリットがあります。

わが社もそうですが、そうしたパートナー企業は、他社のＥＣ事業も担っているはずです。そうしたパートナー企業に任せておけば、他社で成功した施策を自然と取り込んでくれます。

わが社も日々、さまざまな企業のＥＣ事業を担うなかで、いくつものトライ＆エラーを繰り返しており、成功したものについては他社にも横展開しています。もちろん、成功した手法がそのまま他社でも通用するわけではありませんが、成功事例を横展開するほうが、それぞれが闇雲にトライするより効率がいいのは確かです。

たとえば、ＥＣサイト上のコンテンツを作成するときに、どのような単語を使うかによって、ＥＣサイトへのアクセス数が大きく変わることがあります。

あるキーワードが出てきたときによく一緒に利用されるキーワードのことを、共起語（きょうきご）と言います。たとえば、「疲労」と「マッサージ」のように親和性が高い言葉がこれに当たります。この共起語を理解しているかどうかで、ＥＣサイトの売上が大きく変わる可能性があります。

「疲労」と「マッサージ」くらいであれば誰でも想像できますが、意外な組み合わせの共起語もあります。今はデータ解析によって共起語を見つけてくれるツールがあります。このツールを用いると、たとえば「マッサージ」と「マンション購入」といった、一見、何の関係もないようなワード同士が、非常に結びつきが強いことがわかるのです。

ツールでは共起語がどのように定義されているかというと、「マッサージ」で検索した人が「マンション購入」にも強い関心を示しているときに共起語としてあぶりだされます。

ＥＣサイトのコンテンツの中に共起語を入れていくことで、ＳＥＯ効果を上げることができます。

わが社のようにＥＣサイトの運営をパートナーとして担うような企業は、こうしたノウハウを持っています。共起語についても、他社でうまくいったものを横展開してアクセス数を増やしてくれるはずです。

また、コンテンツをつくるときには、ヒートマップというツールも使います。ヒートマップとは、ウェブページのどの部分が読まれているかを視覚的にわかるようにした解析ツールです。よく読まれている箇所ほど赤い色で表示されます。

このヒートマップを見ながら、読まれていないページを別のコンテンツに差し替えたり、どうしても読んでほしいページが読まれていない場合は場所を移動するなどして、見せ方を変えていくのです。

たとえば、ページの最後のほうがよく読まれていれば、下にあるコンテンツを上にもってこようとか、そこに書いてある内容をふくらませて別のページをもう1ページつくってしまおう、といったことを検討できます。

しかし、慣れていない担当者がヒートマップを見ても、どう改良すればいいか判断しづらい部分もあります。多くの事例を見ている人がうまくいった事例を横展開していくことで、結果が出やすくなるのです。

システムについても同じことが言えます。

たとえば、Amazon Payや楽天Pay、LINE Payといった新しい決済方法が時代に応じて増えています。Amazon Payは、AmazonにクレジットカードE情報や住所を登録しておけば、ECサイト側では新たに入力する手間が省けるという仕組みで、ECサイトがAmazon Payに対応していると消費者の利便性が高まります。

私たちがEC事業を支援するときは、自社開発した「EverCart」というカートシステムを提供しますが、こうした新しい決済方法や他社で評判がよかったり成果に結びついたりした機能はカートシステムに標準装備されます。そのため、お客さんは時代にマッチした良い方法を採り入れていることができます。

逆に、他社の事例を活用することで効果のない施策を事前に避けることもできます。たとえば、私たちがよく言うのは「ビッグワードで赤字を垂れ流す」のは避けるべきということです。

ビッグワードとは、たとえば家具メーカーであれば、「家具」や「家具購入」のような極めてよく検索されるキーワードのことを言います。こうしたビッグワードのリスティング広告は、売上に結びつかないクリックも増えるので、費用対効果が悪いことがわかっています。

しかし、ウェブ広告の運用を広告代理店任せにしてしまうと、ビッグワードで広告を掲載し続けることがよく起こります。

広告代理店はクライアント企業の売上には関与せず、その広告の成否にかかわらず広告費の20％程度を報酬として得るので成果が出なくても痛くないのです。

施策に対して効果を測定するのは、当然ながら重要です。

特集ページやメルマガの効果測定などは施策ごとに毎回おこない、何が売上に貢献しているのか判断して次の施策に生かすべきです。これにはGoogleアナリティクスというアクセス解析ができるツールを読み解くスキルが必要なので、経験値が高い人とパートナーを組むことの意味はあります。

私たちの場合は広告代理店に広告出稿を依頼するときも、その結果を自分たちでチェックするので、無駄な費用をたれ流すようなことにはなりません。

こうした知識がなければ、ビッグワードに対して広告を打っていても、行動量や広告費だけを見て「よくやってくれている」と喜んでしまいかねません。

売上に関与して成功報酬が発生するようなパートナー企業でないと、お座なりの対応をされかねないのです。

Sec. 8

失敗しないパートナーの選び方

事業計画ということになると、5年後、10年後にどういう状態になっているかを思い描くはずですが、ネット販売を始めるときにそこまで考えている経営者はほとんどいません。逆に言えば、そこをしっかり考えていけば競合するECサイトから一歩抜きん出た存在になれるはずです。

これまでの延長でしか事業戦略を考えられないようではECサイトだけでなく、会社全体としても成長できない時代ですから、新しい知見や最先端の情報をくれる外部のパートナー企業と組むのは有力な選択肢になりえます。そのとき、ツールの提供がメインではなく、それをどう使っていくか、あるいは販売戦略とどう合致させていくかを一緒に考えられるパートナー企業と組むべきです。

ＥＣ事業部を社外に持とうとするとき、どんなパートナー企業を選べばいいのか、いくつかポイントを挙げて考えていきましょう。

①一貫して対応してくれる

パートナー企業になりえるのはシステム開発、デザイン制作、コンテンツの企画提案、ツールの導入、サイト分析などを一貫して対応してくれる企業です。

フルスクラッチ型、パッケージ型、オープンソース型、ＡＳＰ型のいずれも、基本的にシステムの導入とツールの使い方、ページ制作の指導までしか対応していない企業がほとんどです。

どんなページを作成すればいいか、作成したページの効果について分析して、次の手を打つといったことは自己流でやるしかありません。

こうしたことをセミナーで教えてくれる企業もありますが、たいていは成功事例を紹介してくれるだけなので、そこから自分たちの場合はどうなるかを読み解いて実践する必要があります。ＥＣサイトを初めて導入するような会社でこうしたことを実践するのは、ハードルが高いでしょう。

可能ならば、ECサイト自体のことだけでなく、ECビジネスについても親身に相談に乗り一貫して対応してくれる企業を選ぶことです。

②ECサイトを柔軟に改修できる

ECにおける売り方は商材や時代によって常に変えていく必要があるので、ECサイトのシステム自体が可変性に優れたものでなければなりません。そのためには、システムを提供している会社がアップデートに対応できる体制になっていることが必要です。

システムを提供している会社がパートナーになりうるかどうかは、その会社が提供しているシステムがこまめなアップデートを繰り返しているかどうかを見ればいいのですが、それはECサイトを見ただけではわかりません。

安いシステムだと一般的な送料の設定くらいしかできませんから、価格は判別の材料になりますが、それだけでも判断できないでしょう。

まずは要望に応じた改修ができるかどうかです。コストがかかるかどうかは別として技術的、システム的にできるかどうかがまず問題です。

「技術的にできるかどうか」というのは、一つはウェブサイトの制作会社のようなパートナーを選ぶと、表のデザインはきれいにつくれるけれども、裏の仕組みの部分は自社ではつくれない、ということがあります。詳しくない人からすれば、「ECサイトの見た目をつくるのも中味をつくるのも同じではないか」と思うかもしれませんが、実際は使われる技術や必要なスキルが違います。そのため、制作会社はシステムの改修をやりたがらない傾向があります。

そもそも、ほとんどのツールがお客さんの要望でアップデートをするわけではなく、時代的に、または市場的に求められているからアップデートします。その程度のアップデートであれば、どの会社でもおこなうはずです。

ところが、それ以上のこまごまとした個別の対応については快く対応してくれない会社がほとんどです。

ASPを採用しているベンダーは基本、クライアント企業から要望があっても「システムはこういうものなので、このように使ってください」という言い方しかできないものです。多くの会社に同じものを提供して利益を得るビジネスモデルなので、そもそも高度なカスタマイズを想定していません。「システム的にできない」のです。

欧米ではこうした対応が当たり前なのですが、それをよく思わない経営者もいるでしょう。売り方に合わせたシステムをつくるのではなく、システムに売り方を合わせないといけないからです。

たとえば、飲料メーカーのＥＣサイトでは、購入された飲み物の重量によって送料を変える必要が出てきます。これができないと重量にかかわらず一律の送料を課すことになりメーカー側に送料が負担となって重くのしかかることになります。

これがシステムありきのベンダーだと、「送料をそもそも高く設定すればいいじゃないですか」という話になり、サイトを訪れるお客さんが損をすることになります。

こうなると、消費者にとってもあまり使い勝手のよいものにならず、ひいては売上にもつながらないことになります。

ＥＣを始めるときに「SaaSの既存の仕組みでなんとか回りそうだから、まずはこれで始めてみよう」という感じでスタートしたとしても、売上が頭打ちになり、さらなる成長を目指すにはサイトの改修が必要になることはよくあります。

③売上に対する成功報酬が設定されている

かつて私が勤めていたパッケージベンダーでは、提供先企業から「システムはちゃんとしているけれど売上が増えていかない。どうにかならないか」とたびたび相談を受けていました。しかし、会社に仕組みがなかったので、個人的に付き合いのあるコンサルタントを紹介するぐらいのことしかできませんでした。

ＥＣサイトをつくろうとする会社からすると、いいシステムを導入するのが目的なのではなく、売れること、利益を上げることが目的です。そのために、システムを提供してくれる会社からＥＣで売れるノウハウも学びたいと思っているのに、そのニーズを満たしてくれる企業は少ないという現実があります。結局、別途コンサルタントに依頼するか、右も左もわからないまま自分たちで試行錯誤するしかなくなります。

システム開発会社ではシステムを構築すれば基本的に仕事は終わりなので、売上には関与しないものだと述べてきました。一方で、わが社のようにＥＣサイトのシステムを提供しながら売上に関与しようという会社もわずかながらあります。

わが社の場合は、成功報酬というかたちで、その会社のＥＣサイトの売上の10％をいただだく契約を結んでいます（ただし、売上が基準額に達しなければ最低額の10万円のみいただいています）。

ECサイトのシステムや構造を熟知しているパートナーであれば、売れやすいECサイトをつくれます。さらに、売上に対する成功報酬が設定されていれば、分析ツールなどさまざまなツールやノウハウを用いて、売上アップのための提案を次々にせざるを得ません。

商品を売りたい会社からしても、これまで自分たちではなかなか売上に結びつかなかったのに、順調に売上が増えていくと、10％の成功報酬は安いもの、あるいは妥当なものだと思えるようです。お互いがWIN-WINの状態で成長していけるのが、成功報酬の仕組みなのです。

当然、売上はゼロのときからでもやってくれる会社がいいでしょう。今はまったく売れていなくても契約をしっかり決めて対応してくれる会社を選ぶことです。

④契約期間が明確である

最後に、ECサイトのシステム開発会社と交わす契約期間が明確であることも重要です。期間がしっかり決まっていれば、その中で責任を持ってやってくれるはずだからです。

ECサイトのシステム開発会社と契約すると、ECサイトを構築したらそれっきりで、あとは何もしてくれないか、もしくは終了時期を明確に決めずに1年間の保守契約を更新していくかたちでダラダラと関係が続いていくかのどちらかです。保守契約がなければ、ECサイトを引き渡したあとは何も面倒を見てくれないのが通常です。

保守契約の場合も、定期的にアップデートが必要なセキュリティ面を担保するだけの保守業務しかしてくれないことが大半です。彼らにとっては「ECサイトをつくる」ことがゴールであり、サイトが完成した後は、そのサイトを存続させるための最低限のメンテナンスをして、できるだけ長く保守の料金をもらいたいと思うのでしょう。

パートナー企業と一緒に利益を求めていくのなら、やはり3年なり5年といった契約期間を明確に定め、その間にどこまでECを伸ばしたいのかという中長期の視点を持って事業戦略を立てて、それに応じた契約内容を結び、トライ&エラーを重ねていくべきです。

Sec. 9

EC事業が成長すると出てくる問題

こうして、ECサイトを構築するだけの業者ではなく、一緒に売上と利益を追求できる会社をパートナーに選び、二人三脚でEC事業に取り組める環境ができれば、成果は自ずとついてきます。

ECサイトの月商が1000万円を超える段階になると、ターゲットや基本コンセプトが明確に定まり、そろそろ収益もしっかり生まれてくるレベルになっているはずです。

ここからさらに発展をさせようとするときに、既存の事業部と競合することが予想されます。社内のほかの部署から「既存の実店舗の売上が下がるのではないか」という懸念が出てきたり、販売店に商品を卸す窓口になっている部署から「卸先から、ECサイトで安売りするなというクレームが入った」という報告を受けたりすることが考えられます。

あるメーカーで、ECサイト独自の商品を扱ったときに、似たような問題が発生したことがありました。卸先である販売店から「なぜ、うちにはそういう商品を卸してくれないのか」と言われ、実店舗で営業成績のいい営業職スタッフのＥＣサイトに対する印象がどんどん悪くなったそうです。

こうしたことが予想されるために、ＥＣ事業に本腰を入れることに対して、なかなか踏み切れない会社は実際に多いのです。その結果、売上が伸び悩んでいる会社もあります。

実店舗で売ることが中心だと考えている企業では、当然ながらＥＣに対する思い入れが薄いものです。

そういう会社ではＥＣの担当部署が、店舗の情報システムや新店舗を立ち上げるときにＰＯＳを導入する業務を担うシステム系の部署の一角に置かれていたりします。そもそもＥＣサイトにリソースを割けない環境になってしまっているのです。

では実際に、ＥＣの成長が実店舗の売上を下げるのでしょうか。そうではないケースのほうが多い、というのが私の実感です。商材にもよりますが、ＥＣサイトで購入するお客さんと、実店舗で購入するお客さんは、重ならない場合も多いのです。

それどころか、実店舗では購入しなかったお客さんが、ＥＣサイトで購入しているケースも多々あります。ＥＣサイトと実店舗ではお客さんの属性が違っていて、売上を食い合う関係にはないことも多いのです。

実店舗やECサイトで客層を調査しても、ECで買わなかったら店舗で買っていたのか、それとも店舗でも買わなかったのか、そのあたりははっきりとはわからない部分がありま す。ECサイトの売上が、実店舗の売上を減らして得たものなのかどうかは慎重に判断すべきです。

しかし、ECサイトが実店舗のお客さんを取っている部分がまったくないかと言えば、そうとも言い切れません。とくにECの売上が増えていくにつれて、実店舗の売上に食い込んでいく割合が大きくなる可能性はあります。

ただ、だからといってECの売上をなくしてしまって、そのぶんを実店舗で補えるかというと、おそらくそれも難しいでしょう。

経営者の視点で見れば、全社的に利益が上がっていけばいいことですから、そこはECサイトが実店舗の売上を奪っていると考えるのではなく、いくらかは新たな客層を開拓しているという認識が必要です。

ECサイトと実店舗は協力して補完し合う関係だということが社内で理解されていない

と、セクショナリズムの弊害が出てきます。

ＥＣ担当者の視点で見ると、ＥＣだけを伸ばすという使命が課されている担当者であったとしても、ＥＣ事業が成長して社内へのインパクトが大きくなればなるほど、他部署の協力が得にくくなるなどして、社内で居心地の悪さを感じることもあるでしょう。

一方で店舗開拓する事業部の人たちは、ＥＣが力を持てば持つほど、「店舗って、そこまでいらないんじゃないの」という話が出てくるのを恐れます。売上が大きくなればなるほど、担当者と経営者、社員同士の考えにずれが出てくるのです。

そのような問題が発生したとしても、実店舗だけで今以上の売上を上げられるのかどうかを考えるべきです。これから実店舗の一店舗当たりの売上を増やしていくのか、それとも店舗数を増やすのか、それに対するコストとしていくらかける覚悟があるのかを、経営者がよく考えておかなければなりません。

いずれにせよ、社内のパワーバランスを調整し、整合性をつけるのは経営者の役割です。

Sec. 10

EC事業部を独立させる

ECの成長を志向する場合に、前述のような既存の部署との軋轢を解消する手段として、EC事業部を別会社として独立させる方法もあります。

EC部門が独立すると、他部署との関係で活動に制約がなくなり、活動の幅が格段に広がり自由になれるからです。

実店舗を管理する事業部の方向性によってECの施策が左右されてしまうのでは、非常にもったいない話です。聖域を取っ払い、互いに成長できる組織体系をつくるべきです。そのうえで、必要な情報を実店舗部隊とEC部隊で共有していく方法がベストです。

本来であれば、ウェブに力を入れることによって実店舗への援護射撃ができるので、ECサイトは実店舗部隊にとってもありがたい存在になりえます。

たとえば、ECサイトから実店舗へ誘導したり、ネットで注文したものを実店舗で受け取れば送料がかからないといったことを実施している企業もあります。

ネットで注文して受け取りを実店舗にした場合、売上を実店舗に計上するのか、ECサイトに計上するのかは、会社の考え方によります。そこは双方の社員が納得できるルールづくりが必要です。

また、ネットで使えるクーポンを店舗で配布したり、またはその逆もありえます。

同じ社内に店舗部隊とEC部隊がいて、EC事業が成長してきているのであれば、事業部間のルールを会社が設定してあげる必要があるでしょう。たとえば顧客データの共有や最終的な売上に関してです。要は「独立採算でやるのであれば、利益の考え方はこうしましょう」といったことです。

しかしEC事業を別会社にするのであれば、当然、それぞれで利益を追うことになりますから、ECにかかわる社員の収益に対する意識も高まるでしょう。

商材によっては実店舗のほうが売れるものも当然ありますから、かつての体制で活躍してきた社員のモチベーションが下がらないようにする配慮も必要です。

歴史のあるメーカーほど実店舗で売り上げて成長してきた成功体験があり、社内の重要なポジションについている人たちは、そうした構造の中で出世してきた人たちである可能性が高くなります。そうした人たちは既得権を守ろうとするはずですから、ＥＣ事業が無視できない規模になってくると潰されるケースが結構あります。そうなってくると、ＥＣ事業部を社外に置いたほうがいいのではないかという話になっていきます。

ＥＣ事業部を独立させることは、イチ担当者が決められるレベルの話ではありません。だからこそ、ＥＣ事業の責任者はその会社である程度、決裁権がある人であるべきです。一番いいのは経営者ですが、そうでなくても社内である程度の発言権のある人がよいでしょう。

その点、ＥＣサイトで結果を出している会社は、経営者自身が「まだまだ勉強不足ですけど」と言って勉強しながら、「私が責任持ってやります」と言います。やはりひとつの事業を立ち上げるわけですから、それなりの本気度は必要です。

せっかくＥＣサイトと実店舗が両方あるのであれば、相乗効果を生み出すような施策を考えたいものです。

考えてつくる

CH.4

ECの事業計画は、成長フェーズを考えてつくる

ECを始めるなら、別会社をつくりなさい
MANAGEMENT STRATEGY TO GET E-COMMERCE ON TRACK

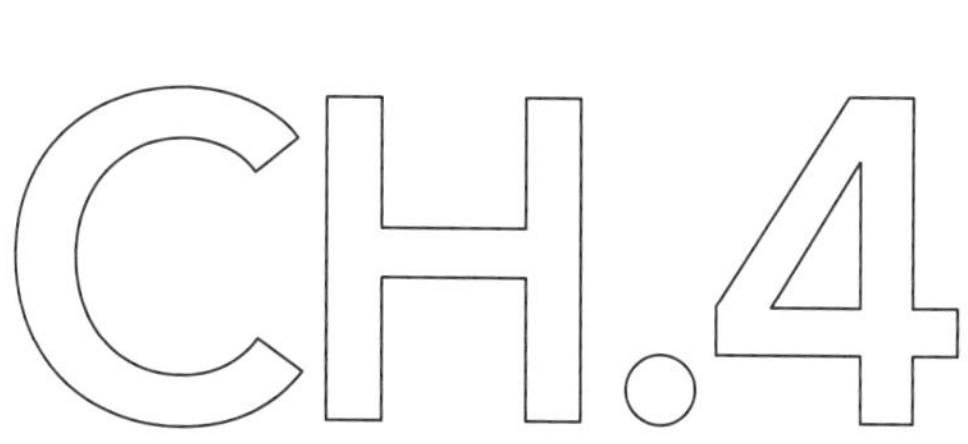

ECの事業計画は、成長フェーズを

Sec. 1

EC事業の成長フェーズは3段階

ECを始めるなら、ECサイトの運営を一つの事業として認識することが必要であることは本書で繰り返し述べてきました。

新しい事業部ができるわけですから、事業計画は必要不可欠になってきます。事業計画がないと、どんな仮説のもとにどんな施策を打ち、その結果がどうだったかの検証ができません。打ち出した施策の成否が判断できなければ、次の仮説も立てにくくなります。結果、行き当たりばったりの行動を繰り返すことになってしまいます。

ECの成長段階に沿った事業計画を立案することが必要で、それを可視化することによってブレない目標となります。

そのうえで毎日の行動を規定していくことで、より充実したECサイトにしていくことができ、売上増→ECサイトの充実→売上増の好循環を描くことができます。

本書では、月商で0～300万円未満の段階をフェーズA、300～1000万円未満の段階をフェーズB、1000万円以上をフェーズCとして、それぞれの段階で必要な事業計画について述べていきたいと思います。

わが社はECの立ち上げ期にご相談いただくことが多いので、手掛ける数十社のうち、フェーズAに該当する会社が6割、Bが3割、Cが1割程度の比率になっています。私たちはフェーズAからCへ成長していけるようにサポートをするのですが、フェーズによって何をすべきかが変わってきます。

フェーズAはECの立ち上げ期です。

パッケージ型やオープンソース型にしろ、ASP型にしろ、導入にはイニシャルコストがそれなりにかかりますから、しばらくは減価償却費のために赤字の状態になるでしょう。

フェーズBはECの成長期と捉えています。

減価償却を吸収できるほど売上も伸び、ターゲットを見定めて、コンセプトも確立していて、さらに成長が見込めるようになってきている段階です。

売上重視から徐々に利益を重視するように視点を変えていく時期でもあります。今後の成長曲線をどのように描いていくかについても熟考を要する段階です。

そしてフェーズCは、ECの発展期と捉えることができます。

売上も利益もしっかり確保できるようになっており、再投資することでさらに売上が上がる好循環を実感できるようになっているころです。

このころになると、社内の他部署との連携が必要不可欠になり、EC事業部の社内での位置づけがしっかりしてきます。場合によっては事業部を独立させるような選択肢も視野に入ってくる段階です。

では、それぞれのフェーズの段階をもう少し詳しく見ていきましょう。

Sec. | 2

フェーズA：立ち上げ期

赤字を覚悟して慎重にパートナー企業を選ぶ

ではまずフェーズAの段階です。

この段階はECの創業期で、売上ゼロから300万円未満の段階と規定しています。

この段階ではEC事業としてまだ黒字になりにくい時期です。原価、ECのシステムの減価償却（パッケージ購入の場合）と人件費によって相殺されてしまい、利益がほとんどないか、赤字が発生している段階です。

どんな事業でも創業期は投資をしていかなければならない時期ですから、最初から黒字化することは難しく、ある程度は赤字を受け入れなければなりません。

ただし、この赤字の時期をなるべく短くするために、次のフェーズに移っていく手立てを考えなければなりません。次のフェーズに行くためにも、システムの土台をしっかりとかたちづくっていく必要があるのが、この立ち上げ期です。

ECの立ち上げ期から経営者が乗り出してくるにせよ、事業責任者が担当するにせよ、楽天やAmazonといったモールへの出店を検討したり、システムやパートナー企業を選定したりするのが、まずは手始めになるはずです。

それらが決まると、経営者的には一段落してしまい、あとは責任者任せになってしまうことがよくあります。

または、パートナー企業が相談に乗ってくれる内容の範囲がせまく、「他の相談相手が必要ではないか」と考え、パートナー企業を集めることに腐心してしまうことも起こりがちです。

パートナー企業選びだけが成否の鍵を握ると考えられている節もあります。

というのも、これはパートナー側にも問題があるのですが、「我々にお任せください」などと言われて、任せておけば自然に売上が上がっていくものだと経営者が勘違いしているからです。プロに任せておけば大丈夫だと考えてしまうのです。

また、ECサイトを重要視していない経営者や責任者の場合は、「どんなパートナーを選んでも、ECではそれほど売上も収益も上がらないだろう」と考えていることもあります。そうなると、なるべくお金をかけずにやろうという選択になってしまいます。

予算をしっかりかけて充実したECサイトをつくっていこうと考えている会社は1割にも満たないというのが、私の印象です。

「ECサイトをやらないといけないと思っているけれど、どうすればいいかわからない」「自分たちでどういう計画を描けばいいかもわからない」という会社がほとんどなので、しっかり予算をかけなければそれなりのECサイトはできないという感覚をそもそも持っていないという問題があります。

自ら集客する

モールに出店するのではなく、最初から自社ECサイトで頑張っていこうという会社の場合は、モールのように勝手に人が集まってくるわけではありませんから、自ら集客をする必要があります。

最初の集客方法として、まずは広告を考えます。ネット広告、リスティング広告（検索エンジンの検索結果に、ユーザーが検索したキーワードに連動して表示される広告）やPR記事を書いてネットで配信したりといったように、実店舗やブランド立ち上げのときにおこなう広告戦略と同じように考えていきます。

ネット広告も実店舗での宣伝と同じで、試行錯誤の時間が必要です。

実店舗の広告は、かつてはチラシやマス広告しかなかったのですが、今はネット広告が断然有効です。ネット広告で5万円、10万円しかかけられなくても、それ以上のリターンが望めることはよくあります。

チラシやマス広告を見て実店舗にやってくるお客さんがどの広告を見てやってきたのかを知るには、アンケートなどで直接尋ねるしかありません。しかし、ネット広告の場合は、どんなネット広告を見てやってきたのか、どんなキーワードで検索したり、クリックしたりして見にきたのかがわかるようになっています。

意外なキーワードで訪れていることがありますし、「Aのページに来たあと、Bのページを見にきている人が多い」といった相関関係もわかりますから、どのページを充実させればいいかも判断できるようになります。

「なぜかフェイスブックからたくさん来ているな」とか、「このワードでツイッターからたくさん来ているな」というのがわかるのです。

ただし、ネット広告の効果のほどは、最低でも2〜3か月検証してやっとおおまかなキーワードについて把握できるくらいと考えておくべきです。

ネット広告やPR記事など、どのチャネルを使うのが有効かは商材によります。商材がロングテールで売れる商品なのか、季節商品なのか、価格がどうか、ターゲットがどうかによって、効果的な宣伝手法が異なります。

ネット広告はロングテールの商品を売るときには適さない宣伝手法と言われています。実際、コロナ禍にある会社でマスクを売ろうとしたときにはネット広告は全然と言っていいほど実効が上がりませんでした。

SNSが全盛で、世の中的に広告の効果が薄れてきていると言われていますが、商材によっては記事広告もまだまだ有効です。

宣伝方法の費用対効果を検証する

損益分岐点を前倒ししたいのなら、有料の広告手段を手厚くしなければなりませんから、当初の損益は大きくなります。そのぶんリスクは大きくなります。

有料の広告手段とは、その分野が得意なプロのライターに依頼し、キーワードを使った記事を1日に何十本も量産するような場合です。自分たちでPR記事を書けば、時間はかかるけれど外部に出ていく費用は発生しません。しかし、プロに依頼する場合はそれなりの費用がかかります。

キーワードは常に変化しますから、データから関連性の高いキーワードを分析して記事に反映させなければなりません。販売実績と関連性の高いキーワードについてはGoogleアナリスティクスを使えばわかりますが、それをどのように記事に反映させるかはまだAIには任せられません。

競合他社のサイトにどういうキーワードでお客さんが訪れているかについてもある程度、わかるようになっていますから、自社ECサイトで使っているキーワードがそれに対抗できるものなのかも分析できます。

再投資の必要性

新規事業を立ち上げたときには、軌道に乗るまである程度の期間を見越しておく必要があります。その期間にかかった費用によって赤字になるのは、ある意味で当然なのですが、その期間がだらだらと長く続いてしまうのは問題です。

高額商品の場合は、販売店の利益率が高いため、そうしたことは起こりにくいのですが、その反面、知名度がないとなかなか売れないジレンマがあります。

高額商品で原価が2割なら、どれだけアウトソーシングしても利益が出るでしょう。

しかし、そうでない商品の場合、損益分岐点のところを行ったり来たりしているだけのケースが多く、それでは先に進めないため、どこかで勝負をかける必要があります。つまり、どこかで広告費など集中的に予算を投じる必要があります。場合によっては外部に依頼することも必要でしょう。

ただ、なかなか踏ん切りがつかない場合が多いのも事実です。

時期によって売上が大きく左右されるようなときには、私たちのほうから「ここで勝負をかけましょう」と提案することもあります。そのときには、私たちのほうでもそのときだけ担当する人員を多くするとか、一気にリソースを投入することがあります。

たとえば、デニム生地を扱った商品を製造販売しているRipo trenta anniが「デニムマスク」を販売したときは、リリースをマスコミ各社に送りました。それがネットニュースに取り上げられてバズり、売上がはね上がりました。

平均単価で3～4000円のものが、計1000万円も売れるようになったので、通常はわが社では一人で何社も担当するのですが、そのときはほぼ付きっきりで受注処理をしていました。

季節性の商品の場合や、コロナ禍のマスクのような特殊な場合は、受注が増えてき

成長しているECサイト
の売上とコスト

売上
コスト
金額
時間

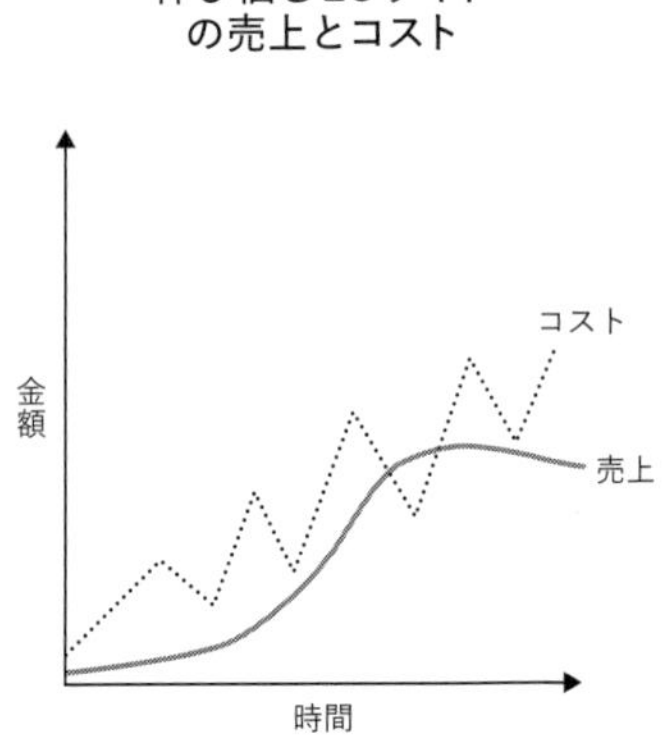

たらそれを好機と捉えて攻勢をかけられます。でもそうでない商品の場合は、リソースを増やしてもその先で売上が増えるかどうかわからないため、二の足を踏んでしまうのです。

大きな売上をつくれるようになったら、再投資も検討する必要があります。

販売数が増えても、物流系統がひっ迫してしまうと、商品を提供するという全体のサービスで見たときにクオリティが落ちてしまいますから、どこかの時点で物流部門を厚くするか、外部に委託するかという話になります。

また、マーケティングをもっと活性化しようとすると、内部のコンテンツをさらに充実させるべきだし、商品の企画力も必要になってきますので、そうした面でも再投資するかどうかで、次のフェーズに移行できるかどうかが決まってきます。

つまり、順調に成長するECサイトは計画性をもって一定期間で再投資をして勝負をかけていくのに対し、伸び悩むECサイトは業務負荷が増えすぎるなどの問題が発生してから後手後手の対応をし、コストがかかるわりに売上が伸びていないということになるのです（右頁の図参照）。

Sec. 3

フェーズB：成長期

月商が３００万円から１０００万円くらいになると、ＥＣが軌道に乗ってきて、次のフェーズ（成長期）に入ったと言えるでしょう。成長期になると、ＥＣ事業をさらに伸ばすために次に挙げる事柄が重要になってきます。

売上から収益に軸足を移す

立ち上げ期にターゲットの選定、基本コンセプトをトライ＆エラーによって確立でき、いよいよ売上が伸びていく時期です。

フェーズＢの段階になると、そこからどこを目指すのかによってその後の事業計画は変わります。たとえば、現状維持でいいのか、それとも月商１０００万円を目指していくのか、です。もちろん、もっと売上を増やしていきたいと考える会社が大半なのですが、それも３つの考え方に分かれます。

ひとつは「収益を重視する会社」、ひとつは「収益と業務負荷の軽減を重視する会社」、そして「業務負荷を改善しながら売上を拡大させたい会社」です。

「収益を重視する会社」は、「一度、利益を確認したい」というケースです。フェーズＡでは経営者も「持ち出しもやむなし」という意識で、売上のベースをつくらなければいけないという思いがありますから、赤字を覚悟しています。

ところが、月商が３００万円ぐらいになってくると、「そろそろ利益を生む構造に」と考えるようになるものです。今までは売上重視でやってきたけれども、一度、ちゃんと収益を確認したいと思うのでしょう。

それなりに投資したつもりで、パートナー企業も間違っていない。売上も増えた。でも利益が出ていなかったら、これ以上の投資はできないかもしれない――ということで一旦売上ベースから収益ベースに視点を変えたくなるのがこの時期です。

そこで収益を出すために考えることが、「どこかでコストカットできないか」でしょう。送料の負担を減らしたり、パートナーへの報酬を見直したりすることでコストカットし、収益を確保したいと考えるのです。

他方、収益に加え、業務負荷についても考えるようになる「収益と業務負荷の軽減を重視する会社」もあります。

売上は上がったけれども、配送やお客様対応などの業務が増えて、担当者が疲弊している場合、人を増やさなければならないと考えます。そうすると人件費が増えます。人件費が増えると収益が落ちてしまうと考えて悩むケースです。

売上を増やしたいのはやまやまだけれども、いったん人を増やしてしまえば容易には減らせなくなる。とはいえ、パート・アルバイトでは心もとない。人件費が増えたらせっかく利益が出始めたところなのに、また赤字になってしまうのではないかと考えてしまうのです。

業務負荷を軽減させる体制の構築

その葛藤を乗り越えて、「業務負荷を改善しながら売上を拡大させたい会社」も出てくるでしょう。

売上が上がるとは、当然ながら販売数が増大することを意味します。そのときに、自社の現在の体制で対応できるのか、できないのか、そこを冷静に考えていくことになります。

「これ以上増えると対応できない」のであれば、人を増やすか、あるいはシステムで対応するか、判断しなければなりません。「システムで対応」とは、つまり機械化、ＩＴ化することによって作業を効率化することです。

社内のシステムに投資しているリソースをＥＣのシステム投資にも割り振れる会社は伸びていきます。

ＥＣ単体で見ると、たとえば売上が３００万円から５００万円に増えていくときには、システムで対応して作業を効率化することが必要ですが、その必要性が認識されていないと、「こんなに投資って必要なの？」という話になってしまいます。

たとえば、お客さんから電話がかかってきて担当者の時間が取られてしまうのであれば、「ＡＩコンシェルジュ」のようにある程度は自動的に問い合わせに対応してくれる仕組みを利用するといったソリューションが考えられます。

同様に倉庫や経理の業務においてもシステムを用いたソリューションによって、作業負荷が軽減されるので現場の疲弊は避けられます。

今の時代、売上や利益が増えても労働環境が良くなければ社員が定着しませんから、持続可能なビジネスとは言えなくなってしまいます。そのため、業務負荷を考慮するのは当然なのですが、社風によってそれを重視する会社と、そうでない会社があるのも事実です。

収益を重視した結果、当分このままの利益を確保していきたい「現状維持派」の会社はともかく、利益がいくらか出ていて、さらなる売上増を考えている会社はそれに向けての戦略を考えていくことになります。

具体的な施策として新たなマーケティング手法を試してみたり、決済の連携先を増やしたりすることで売上増を実現した結果、コストがどれだけ増え、それによって利益がどうなるのかシミュレーションすることが必要になってきます。

その結果、利益が出ないようであれば、業務プロセスを見直すなどしてより収益の上がる構造を検討していくことになります。

コンテンツとプレスリリースの充実

フェーズBに達してさらに成長していこうとする会社であれば、マーケティングにかけられる予算は多くなるはずなので、売上の10％程度は予算を計上してほしいところです。

３００万円の売上であれば30万円です。

ＥＣサイト上のコンテンツについても、新しい記事を少なくとも月に２本、できれば５本ぐらいは制作していくことになります。はじめはブランドの認知度を高めることが必要で、そのためには宣伝広告が大事なのですが、一方でコンテンツを充実させることも両輪としてやっていく必要があります。

売上が増えるにしろそうでないにしろ、その要因は宣伝広告にあると思っている人が多いのですが、コンテンツの内容も重要な要素の一つです。モールにはないコンテンツだったり、商品をよく知り得た人でないと書けない内容の記事を書いて、サイトの内容を充実させることが必要です。

フェーズＡでは、質より量を重視していく段階で、とにかくまずはコンテンツを増やしていくことを目的として進めていきましたが、フェーズＢになると量よりも質を求めていく段階になります。

そのときにはやはり、商品のことを誰よりもよく知っていて、愛情を持っている担当者の熱い思いを記事にのせることが効果的です。記事の内容を見ると、そういった担当者が書いた記事のほうがしっくりきますし、結果が付いてくるのもお客さんの文面だったりします。ここはやはり商品の魅力が誰よりもわかって、熱を伝えられる人の出番です。

私たちからすると、フェーズBくらいからクライアント企業の中にはコンテンツ制作担当者がいたほうが結果が出やすいと思うのですが、「月1本は記事をつくっていきましょう」と約束してはいても、担当者が忙しく対応できないときもあります。その場合は「コンテンツをつくれる人を紹介してください」といった相談にも応えています。

また、フェーズAの段階からやっている新商品のプレスリリース配信なども、この段階で増やしていきます。

フェーズAの時点ではプレスリリースを出すのはサイトのオープンや商品のリリース時など大きなイベントがあるときだけでしたが、フェーズBになると、ちょっとしたことでもプレスリリースをコツコツ打っていくようになります。

もちろん、プレスリリースを打っても効果が出るとは限りません。いつもデニム生地のマスクのようにバズるわけではありません。

即効性を期待してやるものではなく、打ち続けることが大事です。続けることによってメディアの人たちに覚えてもらう、「おもしろいことをやっている会社だ」と認知してもらうことが重要です。

もっとも影響力があるのは、今でもまだテレビや新聞です。

それなりの反響があるのは、プレスリリースの1割もいけばいいほうでしょう。宣伝が上手くいって「バズる」ことを期待するのではなく、地道に我慢強く、情熱と愛情で売っていく会社は成功しています。

ECでしか買えない商品を企画する

大きな成長を目指すときにはやはりどこかで一度、大きく投資する必要が出てきます。

ただ、これは実店舗の場合でも同じではないでしょうか。

実店舗をひとつつくるのに何千万円もかかるのは通常のことです。先んじて投資をすれば、一時的に収益が悪化するのは当然です。しかし、そこを乗り越えていかないと成長しないから投資するわけです。ECでもこれと同じことが起きると考えてほしいのです。

フェーズBからCを目指そうとすると、取り扱う商品も店舗とは差別化されたものを投入する必要があります。家具でいえば、「ファブリックの色の選択はECサイトで購入する商品でしかできないようにする」といったことです。

RODY（ロディ）という幼児向けの玩具を販売する株式会社JAMMY（ジャミー）の例を紹介します。

RODYはモールや販売店、ネットショップなどで売っています。そのため、JAMMYのECサイトでは差別化する意味で配送時の箱をオリジナルデザインにしたり、ギフト用の梱包を工夫するなどしていました。しかし、それだけではAmazonには勝てません。

そこで、それをさらに発展させて「Rody nino nino」という新ブランドをつくり、モールでは買うことのできない商品をECサイトでのみ売る戦略を取りました。これはかなり効果がありました。

フェーズBからCに移行する段階では商品だけでなく、コンテンツについても独自色を出して、差別化することを意識した施策を打っていくとよいでしょう。

Sec. 4

フェーズC：発展期

無事に成長期を乗り越え、年商が1000万円を超えると、いよいよフェーズC（発展期）に入ります。このころになると事業部の売上が増えて、会社への影響力が大きくなるがゆえに新たな問題も出てきます。どのような戦略が必要か、見ていきましょう。

EC部門だけにとどまらない社内との連携

フェーズCの発展期は、マーケティング施策や業務プロセスがフィットすることで、さらなる売上アップが可能になる時期です。

収益を維持しながら潜在層にもターゲットを拡充していくことで売上の向上を図ります。将来の顧客づくりのために投資をしながら、EC以外の部署との連携に力を入れていく必要があります。一方で、ECサイトの売上規模が大きくなるため、社内の他部署との軋轢が発生しやすい時期でもあります。

売上が増えると配送数が多くなり、お客様対応が増えます。

そのとき、社内での組織横断的な連携が必要になります。交通整理が不十分だとEC担当者が苦労することになります。

販売店に卸すだけであれば、数十社程度の伝票をつくればよかったものが、ECだと同じ販売数というわけにいきません。数倍、場合によって数十倍の伝票をつくらなければならないのです。連携が得られたとしても、他の部署に無理をしてもらっていることもあるので注意が必要です。

たとえば、10万円の家具で1000万円の売上が立つ場合でも販売店が20〜30社なら伝票もその数で済みます。しかし、ECの場合は100件もの伝票作成作業が発生するわけです。

家具のような高額商品でさえ4、5倍になるのですから、もっと単価の低い商品の場合、作業が数十倍に膨らむことも考えられます。

もし理想的な姿としてフェーズC以上を企図するのであれば、組織づくりやシステムづくりはECの部署内だけにとどまらず、会社全体に及ぶことをしっかり認識しておかなくてはいけません。

潜在層を開拓するマーケティング

フェーズCでは、マーケティングを大きく変えていく必要性が出てきます。既存のお客さんにリピートしてもらうだけでは限界が見えてきますから、必然的に潜在層を意識したマーケティングになっていくでしょう。

フェーズAの時点では規模の拡大を目指すことになるので、すでに購買意欲のある人をどのように確実に集めるかが勝負です。

わが社がEC事業を支援している、株式会社美少年という酒造メーカーを例に挙げてみましょう。

株式会社美少年は、その名も「美少年」という銘柄の日本酒を製造販売している会社で、もとは火の国酒造という老舗の酒蔵から2013年に事業譲渡を受けました。熊本県の菊池市にあり、廃校になった小学校の校舎を本社として小ぢんまりとした体制で日本酒を製造しています。

この商品に興味を持った人が確実に訪れられるようにしよう、買ってもらえるようにしようというのが、フェーズAの段階です。しかし、フェーズBを達成してCに移っていく過程で工夫が必要になります。

たとえば、フェーズAで米麹や発酵について解説したページをつくって反響がなかったとしても、フェーズCでは効果が出る可能性があります。米麹や発酵について知りたい人がサイトを訪れて、そこから「美少年」という日本酒自体を認知することがありえます。

このようにして潜在需要をいかに掘り起こすかを考えるのがフェーズCの段階です。

家具のSIEVEの場合は、テレビボードに関するページがアクセス数でトップになっていたとすると、Cフェーズではテレビボードのページから回遊させてソファに

美少年酒造のECサイト

誘導することを考えます。

将来のお客さんになってくれる潜在層にアプローチするには、もっと一般的なキーワードで訴求していく必要があります。

このときには、その会社のコンテンツの生産能力や予算にもよりますが、コンテンツを大量に作成することもあります。

これまではソファはソファでも「ブランド家具」「高付加価値商品」というピンポイントのターゲットに向けたマーケティング手法だったものが、「ソファのある暮らしに興味がある人」という具合にターゲットを広く、面で捉えていくような手法に移っていくのです。

SNSのキャンペーン企画も有効です。たとえば、SNSで「クイズに答えたら何名様に当たります」という情報を流したり、インスタの有料広告や、インフルエンサーを使ったマーケティングも考えられるでしょう。

また、競合しないサイトと共同でキャンペーンを開催することもあります。

たとえば、ソファとデニムのコラボ企画などです。競合しないサイトでの相互乗り入れを可能にするような施策です。

さらには、消費者向けのECサイトのほかに新たに法人向けのサイトをつくったり、同じサイトでも法人が買いやすくするといったことも考えられます。

社内のDX

ＥＣ事業の成長を追求していくと、これまで見過ごされていた経営課題が洗い出されることがあります。ＥＣ以外のところで、「これに手を付けなければ、その先には進めない壁」のようなものが出てくることがよくあるのです。

SIEVEの例で説明します。

家具ブランドのSIEVEでは、当初は家具販売店に問屋を通じて卸すBtoBのビジネスだけでした。このとき注文はＦＡＸで受けていました。ＥＣサイトでブランド認知が高まって、実店舗でも売上が増え、注文数が多くなってくると、このＦＡＸ受注がボトルネックになりました。ＦＡＸ用紙を見ながら、データ入力する手間があるからです。

注文数がそれほど多くないときには問題にならないのですが、多いときはかなりの負荷になります。結局、ＦＡＸの内容をデータ入力する処理速度が受注の処理速度になってしまうのです。

そうすると、ＦＡＸをやめたいとか、すべての商品を一気通貫で管理するシステムがほしいといった要望が出てきます。内部のシステムの話になっていくわけです。

こうしたＩＴを導入して効率化するといった話は本来、ＥＣをやっていなくても潜在的な経営課題としてゆくゆくは表面化するはずです。ＥＣサイトをきっかけに、早期にそうした問題があぶりだされることになるのです。つまり、ＥＣの成長を追求することで、会社全体の成長にも影響を及ぼす経営課題をあぶり出せるという側面があります。

業務効率化のソリューションとして、ＥＣサイト上の機能追加だけでなく、ＥＣサイトの運営におけるシステム連携やマーケティング施策にかかわるシステム連携を増やしていくことも有効です。

たとえば、ＥＣサイトを「ネクストエンジン」という在庫管理システムと連携させたり、「NetDepot」という倉庫の管理システムと連携させたりします。これはつまり、受注した商品のデータをリアルタイムで（もしくは定期的に一括で）、在庫管理や倉庫のシステムへ転送する仕組みです。

「スマレジ」というリアル店舗と在庫を連携できる仕組みや、法人客が多い会社であれば、請求書で後払いにするときのシステム連携などもそうです。

また、マーケティングツールとの連携としては、サイトからの離脱を防止するためにスマホにプッシュ通知を送るとか、ポップアップ広告を表示するツールと連携すれば、マーケティングを強化できます。

わが社はECサイトを構築したあと、パートナーとして運営するだけでなく、外部のツールとうまく連携させていくことで、ECのシステムを進化させてもいます。

それぞれのツールの利用に費用が発生する場合もありますが、多くの場合は成功報酬としていただく10%の中に入っています。

もちろん、マーケティングツールにかかる費用やコンテンツ作成にかかる費用については実費でクライアント企業に支払っていただくことになりますが、私たちが他社にも横展開できるような機能で、それがECの売上アップや顧客満足度に繋がるものであれば、10%の範囲の中で対応しています。

私たちはEC事業部なので、独立した部門としてECの売上を伸ばす施策を提案します。その提案には、業務をIT化するといった社内のDX（デジタルトランスフォーメーション）も含まれます。それが自社に適する方法なのか、採用すべき提案なのかは経営者が判断することになります。私たちは教える立場ではなく、あくまでもパートナーという立ち位置です。会社が進化するための意見をＥＣの立場から進言する立場と言い換えることもできるでしょう。

ケーススタディ

家具メーカーブランド、SIEVEの場合

段階を踏みながらフェーズAからCへと順調に成長できたよい例としては、何度か登場している家具ブランド「SIEVE」があります。

ここではSIEVEについて、どの段階でどんな施策をおこなってきたか、できるだけ具体的に説明していきます。

その説明をする前に、まず私たちが提供している「ショップアシスト」の成り立ちについて少し解説しておく必要があります。

ショップアシストの誕生

わが社がECサイトの構築をパートナーとして支援する「ショップアシスト」のサービスができたのが2014年のことでした。

当時、「チーズハニー」という、プロが厳選したチーズとハチミツとワインを販売するE

Cサイトを運用をしていました。

どうやって売上を上げていくか相談しているなかで、「すべてを一気通貫したサービスが提供できれば、お客さんは喜ぶよね」という話が出てきました。そこで、わが社としてもデメリットがなるべく少なく、社内の資産とノウハウが活かせるサービス内容としてどんなことができるだろうかと模索し、形になってきたのが現在の「ショップアシスト」です。

当初は「初期費用ゼロで始められるECサイトの構築業者」を目指していたのですが、それだと本気で売上を上げようとする会社から逆に敬遠されてしまうのではないかと考えるようになりました。現在は初期費用をいただくようにしています。

SIEVEとの出会い

家具を輸入して販売する家具の通販サイト「デコルテ」の運営がきっかけになって、SIEVEと出会いました。私たちはもともと「デコルテ」でSIEVEの家具を仕入れて販売していました。

SIEVEは北欧テイストで高級路線の木製の家具ブランドで、現在40代の担当部長が一から立ち上げて育ててきたものでした。

このブランドは、その担当部長とデザイナー、あとは問屋の担当がいるだけの小ぢんまりとした事業部としてはじまりました。

初期のころは、家具をトラックに積んで販売店を回って営業し、商談がまとまったらすぐにトラックから出して卸すという、本当に地道な売り方で少しずつ売上を伸ばしていったそうです。

そのうち、実店舗の販売店だけでなく、ネットショップにも卸すようになっていきました。そのひとつが私たちの運営していた「デコルテ」でした。

デコルテは、ある会社との共同事業でレベニューシェア型（支払い枠が固定されている委託契約ではなく、成功報酬型の契約形態のこと）のオンラインショップでした。そのサイトを私たちが黒子となって運営していたのです。週に一度、定例会議をして、どのようにして売上を上げていくかを協議していました（現在はわが社が譲渡を受けて単体で運営しています）。

デコルテでSIEVEを販売し始めてしばらく経った2014年ごろ、このブランドを運営する株式会社弘益の社内で独自のオンラインショップを持ちたいとの構想が持ち上がりました。

当初、SIEVEはデコルテを含めて、卸しでしか展開していませんでした。家具店やネットショップなどで委託販売する形です。

自社ＥＣサイトをはじめると卸先から苦言が出るのではないかとの懸念は当初からあったので、私たちから「我々の名前でやりますか？」と提案したのですが、「自分たちの名前で覚悟を持ってやります」と言ってプロジェクトがスタートしたのでした。

まず、ＥＣサイトをどういう形でできるかを提案して欲しいという相談がありました。

当時はわが社でもショップアシストのメニューがまだ定まっていなかったので、私たちとしても、「こういうことであれば、自分たちでもできるんじゃないか」と試行錯誤しながら提案していきました。

基本はすでにデコルテでおこなっていたことを横展開し、成功報酬についても調整していきました。

初期費用として基本は20万円とか30万円のところを、彼らはデザインにはこだわりたいとのことだったので、デザインをカスタマイズする費用を１００万円ほど上乗せしてつくることになりました。

さらにランニングコストとして月に5万円、成功報酬として売上額の15%をいただく契約としました。

SIEVEのECサイトのサービスを試行錯誤する中で固まってきたのが、ショップアシストの初期の形態であったのです。

SIEVEのフェーズA

SIEVEブランドとしては、BtoC事業は初めての試みでした。そのため立ち上げ当初はSIEVEの家具を認知させるツールや場所がなく、ウェブでどのように集客を図っていくかを、担当部長と試行錯誤していきました。

まず考えたことは、SIEVEというブランドを知っている人がきちんとサイトにたどり着けるようにすることです。サイトのアクセス数を上げるために、サイトを訪れたお客さんが商品を魅力的に感じるようなページをつくっていきました。

コンテンツの作成は、担当部長に自ら書いてもらうように依頼しました。

コンテンツの内容については、まず私たちから提案します。たとえば、「新生活に向けて年明けすぐにページを公開できるように、こんな原稿を書いてください」「梅雨の時期に向けて傘立ての特集ページをつくりたいので、こんな原稿をください」という具合です。

原稿は月に1、2本はつくろうというのが最初の合意事項でした。彼らが書いた原稿を書きっ放しにしないで私たちが少し修正したり、言葉や文章を追加したりして定期的なメンテナンスに取り組みました。

SIEVEの担当者は自分たちでページをつくる意欲が高く、こちらから言わなくても「こんなページをつくったらどうか」「こういう記事を載せたい」と要望が自然と出てきました。立ち上げ当初はかなりスムーズに進んだ印象でした。

ECサイト内で使う写真も、私たちがカメラマンやモデルとなって撮影しました。カタログ写真だとクールな印象になりますが、笑顔の人がいるとやはり与える印象が違ってきます。家具と一緒に人が写っていると、サイズ感も伝わりやすいので売上が伸びることがわかっていました。

写真撮影にはSIEVEの担当者にも現場に同行してもらい、アドバイスをもらいながら進めていきました。

先方には家具デザイナーがいるので、「こういう角度で」とある程度細かく指定してくれました。かっこいい見せ方をわかっているのです。

10万円もするような高額商品がメインなので、それをウェブで買ってもらうためにはどうしたらよいかを一緒に悩みながら試していきました。

同時にウェブ広告も打っていきました。新規でSIEVEというブランドを知ってもらうには、家具を探している人に存在を知らせる必要があります。そのためのウェブ広告として、このときは全体売り上げの5～10%ぐらいを広告予算に割いてもらいました。ウェブ広告は私たちがディレクションしながら、外注して提供する形です。ウェブ広告も効果がありました。

彼ら自身でも雑誌の掲載に予算を割いてくれたり、無料で載せられる家具インテリア雑誌などにも掛け合って話を進めてくれたりもしました。

また、当時はテレビドラマへの貸し出しもおこない、実際に有名なドラマの中で使ってもらったこともありました。

美術提供として番組のエンドロールでブランド名が流れるので、ドラマの中で「あの家具、おしゃれだな」と思った人が「SIEVE」で検索してサイトを訪れてくれました。テレビドラマの影響は大きく、ドラマの放送後に、すぐに品切れになったこともありました。

最初のうちは「SIEVE」でキーワード検索をしてECサイトを訪れてくれた人が確実に買ってくれることを志向しましたから、検索されたときに他のショップではなく自分たちのサイトが検索結果で最も上に表示されるようにする、いわゆるSEO対策もおこないました。

もともと彼らもSIEVEのブランドサイトを持っていましたし、卸先のネットショップでもSIEVEのページをつくっていたところがあったため、それらのサイトより上に表示されるようになるまで少し時間がかかってしまいましたが、1年後にはそれも達成できました。

ただ、自社ECサイトの立ち上げ当初から、SIEVEの家具を卸している他のネットショップからの反発はあったようです。そういった場合には、ブランドの広告塔として自社でもECに取り組んでいることを、丁寧に説明する必要がありました。

卸先がダメと言いそうなことはできないという制約のなかで、売上を伸ばしていくために試行錯誤を繰り返しました。

実際、直営サイトの売上やアクセスが増えてくると、SIEVEというブランド自体の認知が進んで、卸先のネットショップの売上もだんだん上がっていくという現象が起きました。メーカー商材であれば、直営のＥＣサイトの売上が上がれば、同じ商品を扱う他のネットショップも売上が増えるのはよくあることです。

自社ＥＣサイトを構築して問屋や卸先との関係が悪化しそうになったとき、問屋や卸先との関係をどう考えているのかが問われます。共存共栄を図っていくのか、そうでないのか。その答えを出すためにも、ＥＣサイトを通じて会社のあり方、将来像を定めていく必要があります。

SIEVEのフェーズB

SIEVEの自社ＥＣサイトがスタートして3年目になるころには、すでに月商３００万円以上、年商４０００万円弱という売上規模になってきました。

月商３００万円以上のフェーズＢの段階で新たにはじめた施策としては、ブランドをまったく知らない、かつ家具もそこまで欲しいと思っていない人に認知してもらう方法を考えていきました。

たとえば、これから結婚する人たちや、将来の結婚を見据えて一緒に住もうと考えているカップルに向けた記事を書いたり、ウェブ広告の配信先を少し広げたりしました。ただ、4年目を迎えて、売上が思ったより伸び悩んでいた時期もありました。

アクセスは順調に伸びていたのですが、売上が付いてこなかったのです。そこで同じSIEVEを扱って売れている他のネットショップを見てみると、クーポンを配布したり、ポイントをつけたり、ノベルティをつけたりして売上を増やしているようでした。

他のネットショップでクーポンを配布していたり、楽天のキャンペンーンがあったりすると、直営ECサイトの売上が落ちるということは珍しくありません。

そこで、コンバージョン率（成約率）を上げる努力と、もう少し幅広くブランドを認知させる方策を考えていきました。

サイトに訪れた人は購入完了の直前の画面までは進んでいることがわかるのですが、そこから成約まで至らないようでした。そこでたとえば「いくら以上のソファを購入すると、梱包を解いて設置する開梱設置のサービスが無料」といったメリットを打ち出しました。1、2万円はする開梱設置を無料にしたり、クッションをプレゼントしたりとさまざまな工夫を一緒に考えていきました。

結果、売上は確実に上がっていきました。こうした施策をやっていた期間とやっていなかった期間とでは、アクセス数は変わらないのに購入率がまったく違っていることから、これらの施策は効果があったと判断できます。

また、「家具がほしい」の一歩手前にいる人たちの認知を上げていく施策として、家具の選び方を指南するページをつくりました。

たとえば、部屋の広さに対してどれくらいの大きさのソファを買うのが適当かをレクチャーする記事をアップしました。ソファの場合は、部屋の大きさに対して大きすぎると圧迫感を感じてしまいますし、小さすぎるとさびしい印象になってしまいます。

ソファと一緒に置くテレビボードやダイニングテーブルと一体感を出すには、色味をどのように選んでいけばいいかなど、インテリアに関心がある人たちに読んでもらえる記事をつくっていきました。

ページをつくるときには、ベンチマークしているサイトが何社かあります。

ソファを選ぶ人は一見するとまったく関係のない言葉で検索している事実があるのです

が、そういうところまで対応しているサイトなのかどうかを見ていきます。

関連していない文言を選びながらコンテンツをつくることもあります。要は競合サイトと似たようなコンテンツをつくっても分散してしまうので、競合しないワードや内容であり、かつなるべく即効性がある文章でコンテンツをつくるように考えていくわけです。

マーケティングのツールとしては、プッシュ通知ができるようなツールや、ポップアップを表示できるツールを入れるなど、新しいツールも積極的に導入していきました。

プッシュ通知やポップアップでは、「いまこういうキャンペーンをやっていますよ」といった内容を配信しました。

ページを作ってアクセスを増やすだけではなく、サイトをより詳細に分析するためにヒートマップツールを導入したのもこの時期です。

細かく分析していき、ページのリニューアルのときに修正点として反映させます。

ヒートマップ分析の結果を反映するなどした結果、やはりリニューアルしてからのコンバージョン率は上昇しています。

コンバージョン率が上がったので、さらに広告予算を増やしてアクセスも増やし、売上増を実現していくという、売上増↓再投資↓売上増の好循環に入りました。

サイトのリニューアルのタイミングで、スマホでもきちんと大きく写真を見られるようにすることも心掛けていました。その結果、スマホでのコンバージョン率も上がっていきました。スマホで買い物を完結させる動きも出始めていたので、スマホでの購入比率は当時でも5割を超えていました。今では7〜8割に達しています。

家具はパソコンで写真を大きくして商品を細部まで確認したい人が多いので、以前は携帯電話で家具は買われないと言われていました。しかし、スマホのディスプレイの解像度が上がったおかげで、今ではスマホでも簡単に拡大してパソコンとそん色なく閲覧できるようになりました。

プレスリリースも、フェーズBになってから初めて開始しました。今までアプローチできていなかった層にSIEVEを認知してもらうことが目的です。

これについては、メインはBtoBになるのですが、「新ブランドの販売を開始します」といった情報を、メディアに取り上げてもらえるような記事内容に仕立てて配信しました。

単純に「新ブランドの販売を開始します」だけだと弱いので、「クッションが二つ付いてくるキャンペーンをやっています！」など、耳より情報を必ず付けてリリースするようにしていました。

フェーズBではこうした施策が徐々に効いて、順調に売上が伸びていきました。

とくに何が効いたのかというと、デザインのリニューアルでした。見た目や使い勝手のほか、よく売れる商品は誰もが目に入るように気を付けてデザインをリニューアルしたのですが、その成果が出た形です。

デザインのリニューアルにかかったのが２００万円弱。あとは、プロモーションの費用や新たに導入する分析ツールの費用などが別に実費で発生しています。

お客さんが購入した分析ツールを私たちも見て、「こういうリニューアルをした方がいいのではないか」と随時提案しています。提案したものの２つに１つは採用してもらえました。

もちろん、提案した内容が合わないこともあります。たとえば、アフィリエイトは

SIEVEのような商材には合致しませんでした。

大手ASP（アフィリエイト・サービス・プロバイダ）の提供するアフィリエイトサービスを使って、影響力のある人にブログで紹介してもらうことを試してみましたが、なかなかうまくいきませんでした。そのASPには、本当に影響力のあるアフィリエイターがおらず、素人っぽい人の記事だったからかもしれません。

化粧品など誰もが買える単価の低いものならそうした人でもいいのですが、家具のように単価の高いものだと、本当に影響力のあるアフィリエイターに頼まないと効果が出ないのです。

アフィリエイト会社を使うことが悪いわけではなく、商材や価格によるのです。

ただ、こうした試行錯誤もウェブ上で分析できるので、何が成功して何が失敗したかがはっきりするのは良い点です。

これまでの通販やテレビコマーシャルでは、効果を判定することができませんでした。闇雲に手紙を送って「反応があればラッキー」という世界だったのです。原因（宣伝）と結果（購入数）の因果関係をひもづけることができないので、次にどんな施策を打てばいいかという確証もなく、仮説に頼るしかありませんでした。けれどもウェブなら解析することで因果関係が見えてきます。

成功したにせよ失敗したにせよ、理由をクライアントに説明できるので、先方としても納得して方針に沿って進められます。

SIEVEのフェーズC

月商1000万円ほどの売上規模になっていくと、販売件数が相当増えていますので運用の負荷が増えていきます。そこをどう解消していくかがこの段階での課題となります。システム連携をして、自動化できるところはおこなって業務の負荷を下げていく必要があります。

場合によっては本社機能の基幹システムに手をつけることもありえます。そうでなければ、人手を増やして物理的に膨らんだ作業を処理していくしかありません。人件費が膨らめば利益を圧迫しますから、販売件数や売上が増えても利益が出ない従来の形に逆戻りしてしまいます。

私たちが商品発送の依頼をかけてもクライアントの作業が止まってしまうこともありま

す。キャンペーンを打って販売数が増えても、発送に対応できなければ売上は増えていきません。

結局、発送数がボトルネックになってしまい、それ以上の売上は上げられないことになってしまいます。そのボトルネックを解消する方法として、基幹システムに手を付けることが必要になるのです。

基幹システムとは、会計システムや、倉庫在庫の管理システム、発注システムなどです。いまだにＦＡＸで発注している店舗もあります。ＦＡＸを受けると、誰かが手入力しなければなりません。当然、手間がかかります。

また、たとえば家具の場合は、「ラストワンマイル」の配送を大手ではなく地場の配送業者に依頼しないと送料が非常に高くつくという問題もあります。SIEVEの場合は、家具の梱包設置までできる地場の配送業者と契約しています。

基幹システムに手を付けようとすると、１０００万円程度はコストがかかります。

ただ、このころにはすでに月商が１０００万円を超えているので、それほど負担ではないはずです。

最終的にはBtoBのウェブ受発注できるシステムを導入することもありえます。楽天などのモールで販売しているネットショップからはＦＡＸで注文が来ることもいまだにあります。それをすべてデジタル化して処理するようにするのです。

売上アップの施策としては、親和性が高いと思われる他のサイトと共同プロモーションを企画したり、有名なコンテンツサイトとコラボ企画を走らせることも考えられると思います。

たとえば、SIEVEでは猫を飼っている人向けの、引っかき傷にも強い生地のソファを販売しています。ペット系のメディアサイトから問い合わせがあるので、そうしたところへ積極的にコラボ企画を提案しています。

お洒落インテリア系の雑貨サイトをわが社でピックアップして、コラボ先を提案したりもします。

住宅メーカーさんの展示会場にソファを置かせてもらい、そこで知ってもらうこともあります。施策はウェブの中だけにとどまりません。

この段階では、コンテンツ記事の数を増やしていくというよりは、既存の記事を見直してさらに精度を高めていくことで十分効果があります。

どのページのアクセスが多いのか、ページの検索順位を定期的にモニタリングしておき、検索順位が下がっているページに言葉や文章を追加したり修正したりします。

SIEVEの全体の売上は、月によって多少上下することはありますが、俯瞰すれば右肩上がりとなっています。６年が経過して２０２０年は年商１億円を超えました。

今後の見通しとして、２０２３年における目標年商は3億円ですが、私たちとしては前倒しで達成できるように考えていきます。

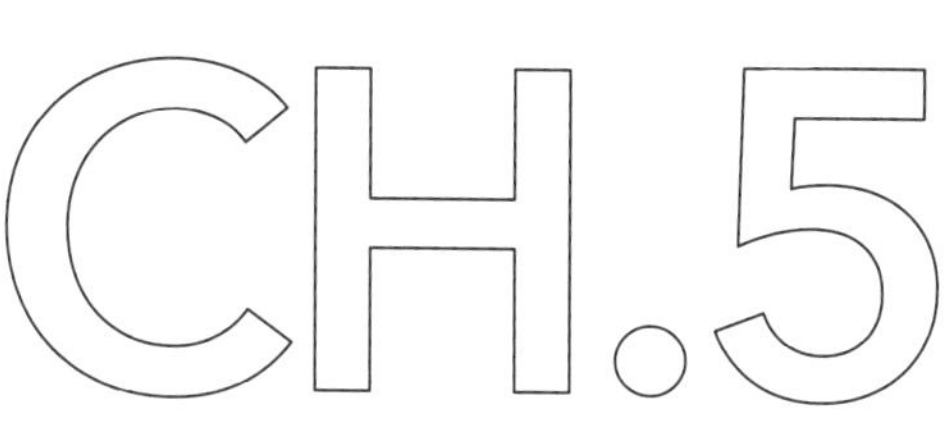

ECの利益計画と組織体制

TEGY TO GET
RACK
ECを始めるなら、
別会社をつくりなさい
MANAGEMENT
E-COMMERCE

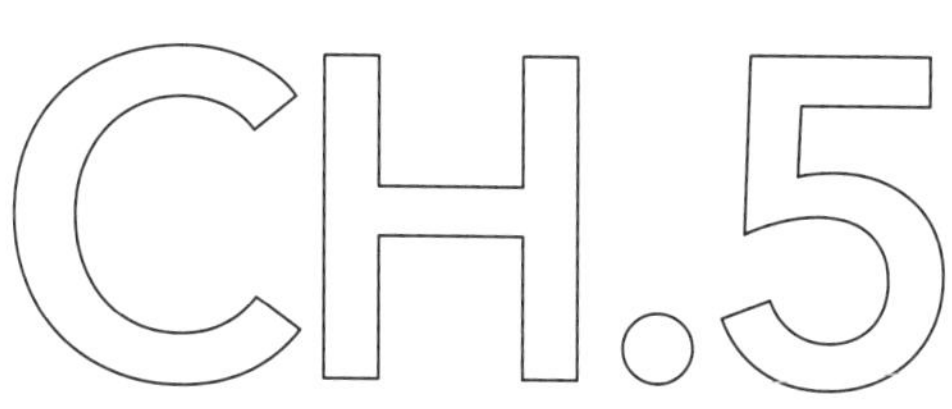

ECの利益計画と
組織体制

Sec. 1

ECも「売上よりも利益」で成長する

経営者にとって売上よりも利益を重視すべきであるのは自明のことですが、事業の立上げ期にはまず売上を伸ばすことを考えるのが、一般的といえます。

それがECサイトにも当てはまるのですが、どうもECのこととなると売上が増えてきても収益の分析をやっているようでやっていない会社が多いのです。なぜか人件費を含めずに損益計算をしていたりする場合もあります。

事業計画があるようでなく、ズルズル赤字を出し続けたまま、ECサイトが放置されているような会社もあります。

こうした事態になるのを防ぐためにも、ECをひとつの事業として捉えることが必要なわけです。

オンラインショップを独自ドメインでやっていこうとするとき、最初の売上はゼロですから、そこからどれだけ売上を増やしていくかというときにある程度の投資をしなければいけないのは当然です。しかし、そこでなるべく自分たちが必要でないことにお金を出し続けない仕組みを最初から計画できるかが大事です。

当初から赤字を見込んでいるにしても、極力その赤字を減らしながら、最終的な利益に繋がるところに投資をしていくことです。そうすれば、損益分岐点を低めに設定できるはずです。

大きな売上目標を掲げるのであれば、少し大きな先行投資が必要です。そのときは一時的に収益が悪化しますが、その後、売上が増えていけば改善されます。

利益の悪化と改善を繰り返しても、俯瞰すれば右肩上がりになっていくという将来像を描ければいいのです。

そうして売上が月商1000万円を超えたら、課題がEC部門だけに留まらなくなってきます。商品の供給システムや会計システムが問題になってくる可能性もあります。ECを発端として社内改革することを是とするのかどうか。他部門の調子がよいのであれば、ECは赤字になってもいいから大きく投資しようということになるでしょうし、そうでなければ投資を抑えて、けれども売上も下げないような施策を打っていこうという判断になると思います。

つまり、会社運営の利益体質をどう考えるか、どこで利益を確保していくのかといった経営判断が必要になるのです。

利益を最重要視したときに、重点的にウォッチしておく指標をあえて挙げるとすれば、やはり人件費です。

ECにかかる人件費の推移はとても重要です。売上が増えて利益も増えているけれど、社内の人件費も上がっている場合、人件費は固定されていますから売上が上げ止まると利益は増えません。そして、少しでも売上が減ろうものなら、その減少分はそのまま利益に跳ね返ってきます。

ECの売上に対して人件費をどうコントロールするかが重要です。

人件費を抑えるための方策として、わが社が提供するショップアシストでは、サービスの中で割安で使える倉庫業務の外注先を紹介してもいます。

3PL（サード・パーティ・ロジスティクス）の倉庫を活用するのです。一社で倉庫を借りるとシステム利用料や固定費がかかりますが、私たちが一括して借りて何社か共同で利用することで、一社当たりの費用を抑えることができます。

ショップアシストで他社と一緒に倉庫を利用してもらうことで安価で、倉庫業務のアウトソースができ、ＥＣの運用負荷を軽減できるWIN-WINの関係になります。

永続的に利益を出し続けていくには、ＥＣのパートナー企業や外部企業とうまく連携していくことが求められます。

Sec. 2

成長フェーズごとの利益計画と組織体制

本書では繰り返し、「ECは事業として考えるべき」「EC事業部を志向するべき」と述べてきました。「EC事業部」なのですから、そこには事業計画が必要です。

事業計画は、やはり事業計画書のようなものに落とし込んでいくのがいいでしょう。書き込んでいくときに否が応でもECの将来像を考えることになり、頭の中も整理されていくはずだからです。

巻末に「ECの事業計画書」としてテンプレートをダウンロードできるようにしておきましたので、アウトプットしてみてください。

考えるべきことは、いつまでに、どれくらいの売上を目指し、どれくらいの利益を確保することを目指すのか、です。

要素としては、目標とする月商（年商）とコストがあります。

コストについては、人員としてどのような体制をつくるかということ、システムとしてどのような体制をつくるかということです。これはそのまま人件費とシステム整備費となります。

そして、その他に売上増のためにどのような施策を打っていくかについても、おおよそのイメージを書き込んでいくとよいでしょう。施策を打つときには当然ながら費用が発生しますから、コストがどれほどかかってくるかを予想できます。

前章で詳しく述べたSIEVEを例にして説明していきましょう。

SIEVEの自社ECサイトでは、最初の3

フェーズAの組織例

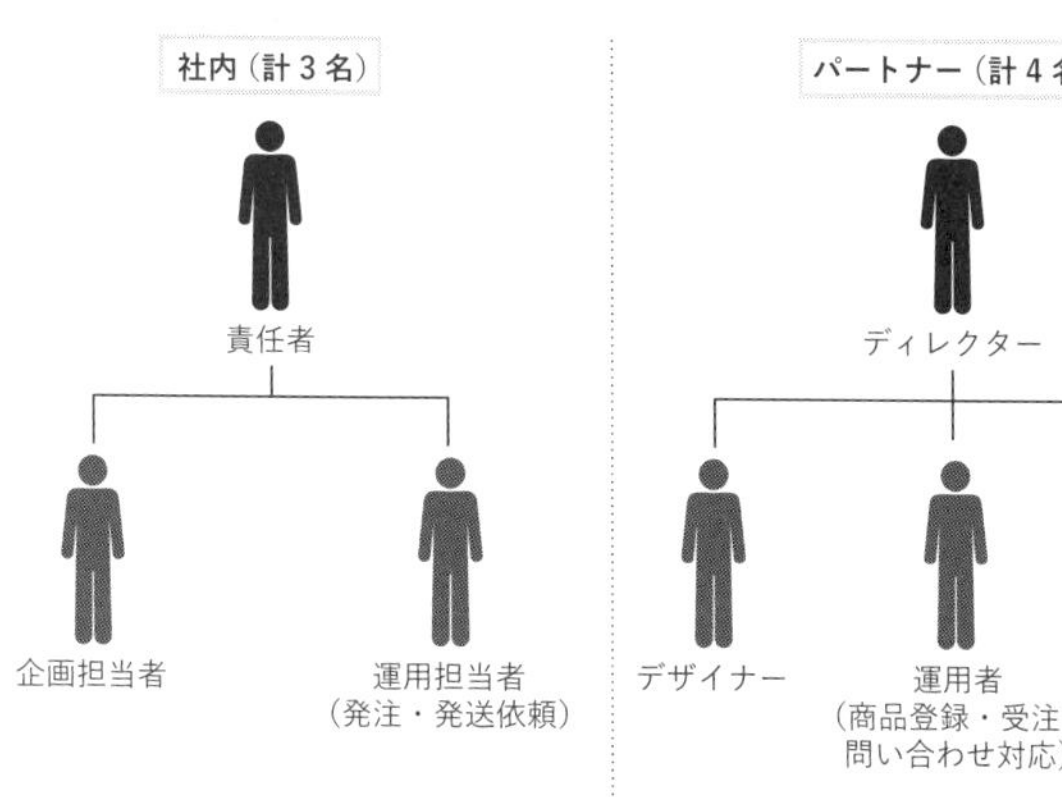

年をフェーズAとして、売上目標を1年目で1000万円、2年目で2000万円、3年目で3500万円としました。

SIEVE側の体制は、責任者、担当者、運用者が各1名で、わが社の体制としては全体を統括するディレクター、デザイナー、受注や問い合わせ、商品登録に対応する運用者、エンジニアが各1名の計4名の体制でした（前頁の図参照）。

当初、SIEVEの責任者を含めスタッフの方たちにはECの知識がほとんどなく、ゼロから始めた形です。

ECサイトで販売するアイテム数は500ほどでスタートしました（現在は1300ほど）。立ち上げ当初は月商10～20万円ほどでしたが、初年度は1400万円で目標をクリアしました。2、3年目の売上も目標に到達しています。

フェーズBとなった4年目からは、売上目標を年商4000万円、5年目は6000万円、6年目は1億円としました。

SIEVE側の体制は、担当者が1人増え、運用者も兼任で1人増えて0・5増となり、計4・

5名となりました。

わが社の体制は、ディレクターとデザイナーが兼任でそれぞれ一人ついて0・5増となり、運用者が1名増えて、計6名となりました（下図参照）。

さらに深くサイトの中身を分析したり、競合他社の動きを定期的にウォッチしておかなければならないため、人を増やした形です。

運用者も受注や問い合わせ、商品登録が増えてくるので1名増やしています。

SIEVE側の担当者は、私たちとのやり取りの窓口ですから、私たちからの問い合わせに応えたり、日々の連絡をしてもらうために1名増やしてもらっています。

フェーズBの組織例

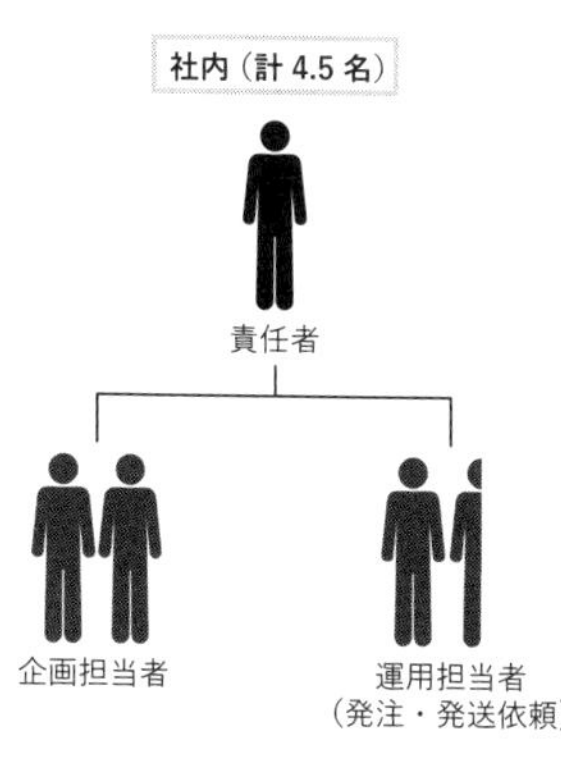

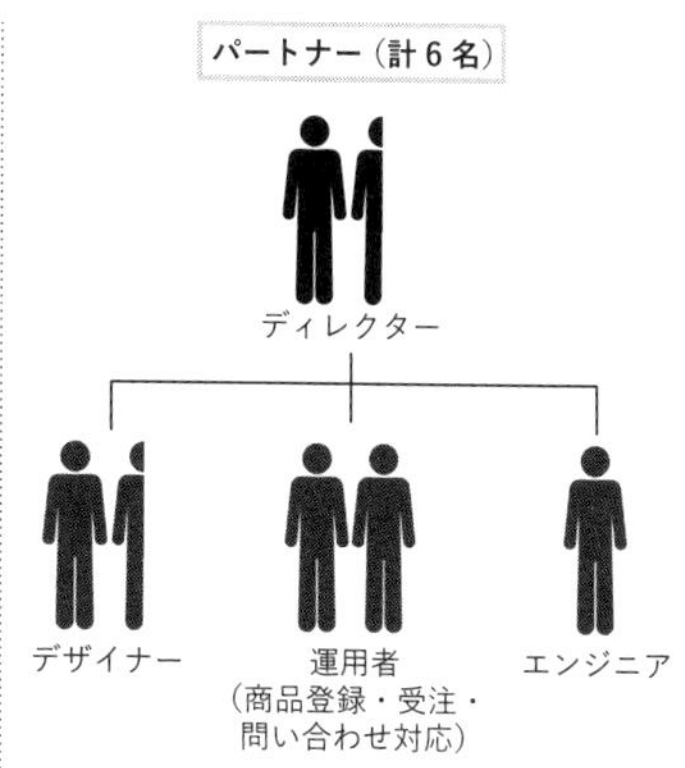

結果的に4、5、6年目とも目標とした売上を達成できています。

フェーズCとなる7年目（2021年）は売上目標を年商3億円に設定しています。注文数が相当増えてきていますから、SIEVE側の体制は運用者が0・5増の計5名体制になることを予想しています。

月商3000万円ともなると、システム連携をするとしても2人体制にする必要があるでしょう。私たちからの連絡も増えていくからです。

SIEVEの場合は倉庫を自前で持っているため、出荷の依頼業務もこの担当者がおこなう必要があります。

現在は一人体制で飽和状態なので、月商が今の1000万円から3000万円になれば6人ぐらいにしていくイメージです。それでも6人ですから、システム連携する効果は絶大といえます。

これに応じて我が社の体制としても運用者が0・5増で2・5名になっています。商品数が増えて取引数も増えると問い合わせ数も増えていくからです。計6・5名の体制です（左頁の図参照）。

こうして見ていくと、売上は10倍になっているにもかかわらず、人員体制としては1・5倍から2倍で抑えられていることがわかります。

システム側の投資が増えていったとしても、それ以上に売上が増えているので、しっかり利益を確保できる状態です。

このように事業計画として目標と、それに対して何をすべきか、それには費用がいくらかかるのかを見える化することで、日々行動すべきことが明確になります。

フェーズCの組織例

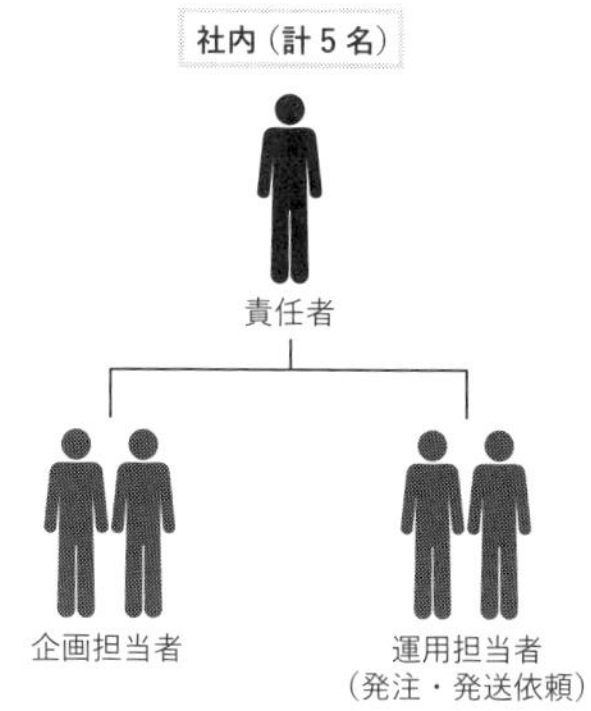

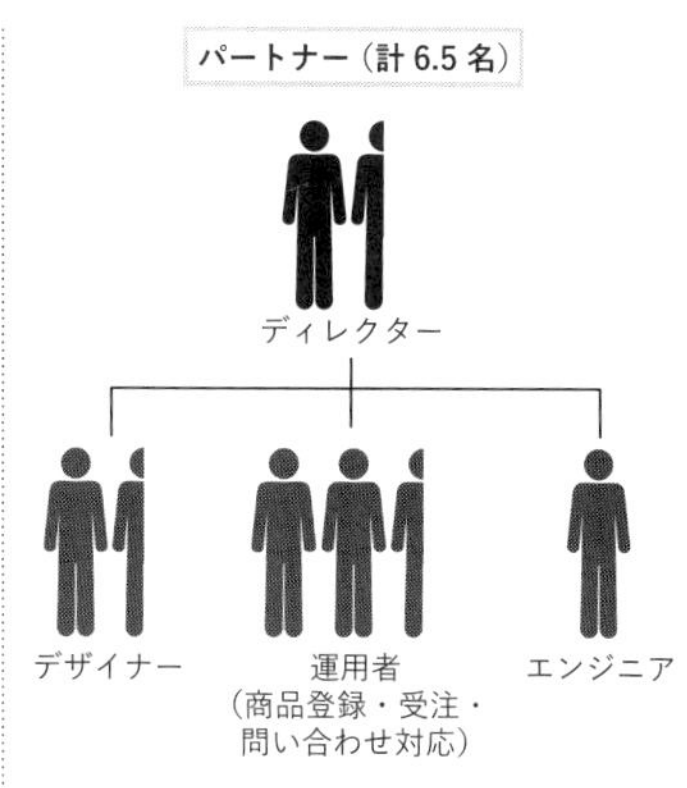

Sec. | 3

責任者の任命と評価

売上が拡大していく過程で、ＥＣの責任者と別の部署との評価に整合性が求められるようになっていきます。

どこで売上が立とうが会社全体として利益を上げていくことが目的なので、その目的さえ果たしていればいいはず。しかし、実際の組織内部ではそうもいかないことが多々あるようです。

たとえば、実店舗で実物を見て、店員から説明を受けたものの「検討します」と言って帰ったお客さんが、家に帰って「やっぱり買いたい」となったとき、もう一度店まで行くのが面倒という理由でＥＣサイトから購入することがあります。

実店舗で商品説明を一生懸命したのは店舗の販売員なのですが、ＥＣサイトの売上になるわけです。この場合、販売員は自分の手柄にならないのでおもしろくありません。ＥＣ

サイトばかりが「いいとこ取り」をしていると思っても不思議ではありません。

こうした整合性を取っていくことは、まさに経営課題に他なりません。

ＥＣ以外の部署との連携に力を入れるには、当然ながら担当者に強力に推し進めてもらわないといけません。

だからこそ、ＥＣ事業は経営者かあるいは経営に近い人にＥＣ事業を担ってもらうことが大切なのです。

ＥＣサイトの月商が１０００万円ぐらいになってくると、ＥＣの担当者たちはそれなりに社内で評価もされ、会社にとってはＥＣサイトがなくてはならない存在になっているはずです。

そこからさらにＥＣを伸ばしていこうとすると、社内の他部署と競合する問題をどうやって払拭するか、配送の仕組みや経理処理の仕組みなど、社内の規定を新しく変えていく必要が出てきます。社内のＥＣ以外の部分の見直しが多くなってくるはずです。

Sec. 4

問屋や卸先との関係悪化をどう考えるか

ＥＣ事業にはメリットだけでなく、多少のリスクがあることも事前に認識しておきたいところです。

まずはやはりBtoBにおける問屋や卸先との関係悪化が考えられます。

たとえば、日本酒はとても古い業界で、問屋が非常に強い力を持っています。清酒ができた江戸時代から問屋が飲食店に卸す体制ができ上がっていますから、何百年もの歴史があります。

酒造メーカーが直接飲食店に営業して入れてくれるという話になっても、問屋が首を縦に振らなければ、流通しないのが日本酒業界です。

仕切り価格で卸しているので、問屋経由で大量に販売できれば売上と知名度は上がっていきますが、利益はそれほど増えない構造になっているのです。卸価格も問屋の言いなりになっている部分があります。

そうした問屋の仕切りが強い業界ですから、その問屋を軽んじるわけにはいきません。そんな中で、メーカーがECでサイトを通じて直接、お客さん（エンドユーザー）と取引することになると、問屋としてはいい気がしないのは当然です。

ECを始めたあとに営業先の問屋を回っていると、問屋から「ネットで売っているんだね？」とか、「なんで、ネットで値引きして売っているの？」とチクリと言われることもあるでしょう。

メーカーは問屋から睨まれたくないために、EC事業に本腰を入れられなくなります。問屋を刺激したくないために、ECの売上が上がらないことを問題視すらしていない場合もあるのです。

ECサイトを始めるときには、こうした課題と向き合う覚悟が必要です。

Sec. 5

問屋、卸先との折り合いのつけ方

SIEVEは当初、商品を卸してAmazonでも買えるようにしていたのですが、Amazonも問屋と同じで卸値が販売価格の6、7割ですから、売れはするものの利益率は低いままでした。

もちろん、問屋や卸先との兼ね合いがあり、なかなか思い切った舵が切れないようでした。問屋をないがしろにするわけではないのですが、問屋から見れば自分たちを見限ろうとしている前段階に見えてしまうのはしかたありません。

そうではないことを問屋にも卸先にもわかってもらう必要があり、そのためには経営者がどのような販売戦略を描いているかを説明できることが大切です。

問屋や卸先を疎かにせず、心証を悪くしないように上手くやっていく方法を考えなければなりません。

たとえば、卸先の店舗との共同企画のようなものや、ECサイトで開梱設置のサービスをおこなうのであれば、卸先の販売店で買っても開梱設置はメーカー側が持つといった方策を打つ。その代わり、SIEVEの家具開梱設置無料キャンペーンを販売店でもやってもらう、といったことです。

また、ネットで売れたものを販売店から配送してもらい、売上の何パーセントかを販売店に分配するなど、いろいろ方法はあります。

つまり、オムニチャネルを卸先である販売店とどう構築するかが鍵なのです。

オムニチャネルとは、ネットだけでなく店舗などリアルの場を含めたあらゆるチャネルを連携させてお客さんとの接点をつくり売上をアップさせる方法のことで、以前はクリック・アンド・モルタル（実店舗と電子商取引を行うオンライン上の店舗の双方を運営することで相乗効果を狙うビジネス手法）などと呼ばれていたこともあります。

ただ、クリック・アンド・モルタルは、ネットで買ってもらうかリアル店舗で買ってもらうかといった、どちらかというと自社の中での話でした。それを外部の卸先との関係で考えていくのがオムニチャネルです。

問屋と卸先との共存共栄を図っていかないと、売上を奪い合ってしまってブランド価値が落ちていく可能性があります。

特に小規模な会社では、直営の実店舗をどんどん増やしていくことは考えにくいですし、メーカーが今まで存続できているということは、それまで卸先との関係をしっかり築いてきたからである可能性が高いので、その関係をないがしろにしてＥＣに一気に軸足を移していくのは大きなリスクがあります。

もし一気にＥＣに軸足を移して既存の商売を失ってしまうと、ＥＣが思ったほど伸びなかったときに足をすくわれる可能性があるのです。

いままで商品を愛して尽力してきたベテラン営業職のスタッフのモチベーションが下がって離職してしまう可能性もあります。そうなっては会社にとって損失のはずです。

こうした点についても足元をしっかり見ながらやるべきですし、経営者は将来の方向性を考えることが必要です。

Sec. 6

ECサイト構築に利用できる助成金

政府の戦略としても、ECの比率を高めたい思いがあるようです。いま盛んにキャッシュレス決済を推進しているのも、ECを促進して経済を活性化させたい狙いがあるのでしょう。

その思惑が垣間見える部分として、関連する補助金が充実していることがあります。いままではどちらかというと、基幹系システムの導入に対する補助金がメインだったのですが、そのほかにも助成率が高いものが出てきています。

まず、IT系の補助金のメインとなるものとして「IT導入補助金」があります。通常枠としてA、B類型があり、さらに特別枠としてC類型があります。

A、B類型は、「調達・供給・在庫・物流」において自動化、効率化を支援するITツールの導入、「顧客対応・販売支援」において社内の情報共有を支援するITツール、総務・

人事・給与・労務」において経理関係の手作業を自動化・効率化するＩＴツールの導入を支援するものです。費用の２分の１、最大４５０万円までの補助金が下りることになっています[※1]。

コロナ禍以降はこれらに加えて、Ｃ類型としてさらに助成率の高い補助金の制度ができています。このＣ類型は、ネットショッピングやＥＣサイトといった非対面型ビジネスに転換するためのＩＴ投資にも利用できます。そのほかに、テレワークの環境整備にも使えます。

人が集まらなくても仕事ができたり、ものを買って生活できる環境を整えましょうというのが、このＣ類型が設けられた意図です。政府としても、テレワークと同等に非対面ビジネスをもっと増やしていきたいのです。

非対面ビジネスが推進される流れは、コロナ以前から徐々に出始めていましたが、コロナ禍によっていっそう拍車がかかっています。

このＣ類型の助成率が高いことはすでに述べたとおりですが、全体の費用の75％まで、上限４５０万円までが助成されます。つまり、最大では６００万円の案件に対して４５０万円の費用が助成されることになります。かなり大きい金額です。

実際にわが社のクライアントでも、初期費用を含めた全体の費用の2、3割程度が補助金でまかなわれています。

SaaSモデルだとハードウェアのレンタルはありませんが、例えばサーバーなどをレンタルする場合でもＩＴ導入補助金が出るようになっています。

ＩＴ導入補助金は毎年予算が計上されていますので、２０２１年度も同じような規模でおこなわれるはずです。

ＩＴツールの導入補助金としてはもうひとつ、「小規模事業者持続化補助金」というものがあります[※2]。

この制度は、小規模事業者が相次いで直面する働き方改革や賃上げなどの制度変更に対応するためや、販路拡大などに取り組む場合に、費用の3分の2、最大50万円の補助を受けられるものです（一般型の場合）。

具体的にはＥＣサイトの開設や新商品の開発などで利用できます。小規模事業者向けの制度ですから、従業員が20名以下の企業が対象です（サービス業の場合は5名以下）。

また、２０２０年にはコロナ特別対応型として、事業内容が拡充されています。補助金額が最大１００万円に上がり、ＥＣサイトのような非対面型ビジネスモデルを導入する場合の補助率も４分の３に引き上げられています。

申請には事業者登録は必要ありません。商工会もしくは商工会議所のサポートを受けて経営計画を作成し、申請書を提出することで補助が受けられるようになっています。

ＥＣサイトをこれからつくるという企業は、ぜひ検討してみることをおすすめします。

※１　一般社団法人 サービスデザイン推進協議会「ＩＴ導入補助金２０２０」のウェブサイト（https://www.it-hojo.jp/）を参照

※２　独立行政法人中小企業基盤整備機構「令和２年度補正予算「小規模事業者持続化補助金〈コロナ特別対応型〉」の公募要領を公開しました」を参照（https://www.smrj.go.jp/news/2020/favgos000000k9ri.html）

Sec. 7

EC事業部を別会社化するという戦略

ＥＣ事業部を社外に持つようになった最終形態として、「ＥＣ事業部を別会社にする」ことについて、もう少し掘り下げてみましょう。

「そこまでは考えていない」という経営者の方も、実際に別会社をつくるかどうかは別としても、そういう選択肢があることを念頭に置いてＥＣの事業計画を立てるべきです。別会社化するメリットは、検討するに値します。

まず、組織面でのメリットがあります。

すでにお話ししたとおり、ＥＣ事業が成長して社内で影響力を持つようになると、既存の事業部との軋轢が生じます。この軋轢を解消するには、完全な縦割りの組織をつくることや全社的な評価制度の見直しが必要になります。一度つくり上げた組織を組み替えるのは労力を要しますし、一筋縄ではいかないケースが多いものです。

同じ会社のなかでうまく解消できないのだとすれば、ＥＣ事業部を社外に持つこと、ひいては別会社化することが有効な選択肢になることは、これまで述べてきたとおりです。

別会社化すれば、古参の営業職スタッフには従来の会社に残ってがんばってもらい、若手や新しいことに挑戦する意欲のある人たちには新会社に移ってもらって、まったく違う企業文化を醸成していけます。

そうすれば、既存の企業文化との軋轢などを最小限にして、新しい風を取り入れて成長を目指せるというわけです。

もう一つは、ブランディング面でのメリットです。

新しくＥＣを始めても既存のブランドイメージをなかなか払拭できないときには、別会社にしてしまったほうが、新たなブランドイメージを構築しやすくなります。

もとの会社に知名度があり、確固たるブランドイメージを構築できてしまっている会社ほど、イメージを刷新するのに困難が伴います。

例えば、１００円ショップを展開する会社がＥＣを始めたと聞けば、安いものが手軽に手に入るのだろうと誰もが想像します。新たな取り組みも既存のサービスの延長線上で見られるのは当然です。そこで、実は一般消費者向けではなく法人向けのサイトであることや、大量購入が前提で買い物1回あたりの合計額が高くなるといったことは、しっかり説明しなければお客さんの誤解を招きます。また、100円ショップのイメージでアクセスしたお客さんの期待に応えられず、必要以上に落胆させてしまうかもしれません。

もう一つ例を挙げましょう。子どもの大型玩具を売っていた会社が、その大型玩具が健康にも良い効果をもたらすことがわかり、健康志向の人たちに客層を広げたいと思っているとします。

けれども、いくらECで健康志向の人たちにそれを売ろうとも、どうしても子どもの玩具を売る会社というイメージが付いてまわり、本格的に健康を追求したい人たちに受け入れられていないようです。そういう場合は思い切って別会社にして、新たなイメージをつくり上げるほうが早いでしょう。

また、別会社として新しい取り組みを始めることで、会社全体のイメージアップを図ることもできます。

たとえば伝統工芸品をつくる老舗のメーカーで、世間から古い企業体だと思われているような会社があるとします。その会社が見せ方や名前を一新し、現代風な商材を取り扱うECの別会社を立ち上げたらどうでしょう。老舗の会社はそのままなので、昔からのファンが離れることもなく、別会社で新しい客層へもアプローチできます。古き良き企業なのに、新しいことにも挑戦する有望な会社だと示せるわけです。

成長を志向する会社であること、チャレンジしていることをマーケットにもアピールする目的で、別会社化するのです。

「EC事業を別会社にするほど、うちにはECに関する知見やリソースがない」と思うかもしれません。でもその場合は、ECに強い外部パートナーと合弁会社をつくればよいのです。パートナー選定さえ間違えなければ、豊富な知見を一気に取り込めます。

自社のEC事業がうまくいったら、伸び悩んでいる他社のECサイトをM&Aしたり、引き継ぎ手のいないサイトを事業承継したりするなどして、独自に事業を拡大していくことも考えられます。

別会社化することで、EC事業の独立性が担保され、手かせ足かせが外れて自由な成長戦略を描けるようになるのです。

ＥＣは、「店舗で売っている商品をただネットでも売るだけ」と考えられがちです。

しかし、これまで再三述べてきたように、ＥＣを一つの事業として考えれば、販路が一つ増える以上のインパクトを会社にもたらします。

同時に、ＥＣ事業を本気で成長させようと考え、売上を拡大させていくと、将来的に必ず会社の変革を迫られるような壁に行き当たることになります。

既存事業とは毛色のちがうＥＣを伸ばすためには、会社を大きく変えなければいけない。それは、ＥＣを始めたから問題が発生したのではなく、いずれは表面化するであろう潜在的な課題に、ＥＣを始めたことで気づけた、ということなのです。

そこで、会社の変革を試みるもよし、今の会社をそのままにＥＣ事業だけを別会社化して新たな成長を模索するもよし。

いずれにせよＥＣサイトは、会社の実権を握る経営者が自ら、会社の将来を考えながら長期的な事業計画のもとに運営されていくべきです。

そうでなければ、これからさらにＥＣが普及していく社会において、十分にＥＣ事業の成長可能性を引き出すことができません。

逆に言えば、長期的な事業計画に基づいてＥＣの成長戦略を描くことで、御社のＥＣサイトはまだまだ成長できるのです。

おわりに

本書を最後までお読みいただき、本当にありがとうございました。

私がECの世界に入ったのは、2000年でした。その頃は、ECサイトを構築するパッケージは日本にはほとんど存在せず、独自ドメインでECサイトを構築するには初期費用だけで1000万円はかかる時代でした。そのときから比べると、ECサイトを構築するための選択肢は格段に増えました。今では初期費用0円から開設できるようになり、趣味の延長線上でECサイトを持つこともできます。

しかし、現実に目を向けると、サイトを構築するまでは何とか出来たものの、実際に事業として成立しているECサイトは、まだまだ少ないと言わざるをえません。

このことは、EC業界の危機ではないかと思っています。市場の成長にあぐらをかき、サイト運営者の成功を無視したサービスが蔓延すると、結局は市場の成長を阻むのではないかと私は危惧しているのです。

私たちの夢は、日本で一番お客様から喜ばれる数の多いウェブ企業になることです。ECサイトを運営する私たちのお客様が未来をしっかり見据え、成長し続けていくことが、大げさかもしれませんが、日本の市場活性化に繋がり、日本を熱く元気にすると信じています。

最後になりましたが、エスアイアソシエイツは2021年2月20日をもって創業18期を迎えます。今まで当社を支えてくれたスタッフの皆へ、御礼を言いたいと思います。

「本当にありがとう」

夢の実現に向かって、社員一人ひとりが輝いている会社にしましょう。

株式会社エスアイアソシエイツ　代表取締役社長　岩井淳行

読者特典

「ECの事業計画書」テンプレート

ECサイトを軌道に乗せるための
事業計画書のテンプレートをダウンロードしていただけます。
ぜひご活用ください。

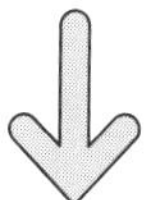

https://cm-group.jp/LP/40520/

※読者特典は予告なく終了することがございます。

【著者略歴】
岩井 淳行（いわい・あつゆき）

株式会社エスアイアソシエイツ代表取締役社長。コンピューター関係の商社でエンジニアとして勤めた後、2000年にECのパッケージベンダーに営業職として入社。ECの黎明期に数百のサイトに携わる。2004年、株式会社エスアイアソシエイツを設立し、代表取締役社長に就任。翌年にはチーズとハチミツ専門のECサイト「CHEESE HONEY」を開設。自社でECサイトを運営して得た知見をもとに、2011年にカートシステム「EverCart」を自社開発。現在は、ECサイトの構築から運用代行、戦略立案まで、EC事業を包括的に支援するサービス「ショップアシスト」を展開し、家具やアパレル、飲料など幅広いメーカーのビジネスを支援している。

著者Facebook　https://www.facebook.com/atsuiwai

EC（ネットショップ）を始（はじ）めるなら
別会社（べつがいしゃ）をつくりなさい

2021年 3月21日　初版発行
2022年 4月 9日　第2刷発行

発行　株式会社クロスメディア・パブリッシング
発行者　小早川 幸一郎
〒151-0051　東京都渋谷区千駄ヶ谷4-20-3 東栄神宮外苑ビル
https://www.cm-publishing.co.jp
■本の内容に関するお問い合わせ先 …………………… TEL (03)5413-3140／FAX (03)5413-3141

発売　株式会社インプレス
〒101-0051　東京都千代田区神田神保町一丁目105番地
■乱丁本・落丁本などのお問い合わせ先 ……………… TEL (03)6837-5016／FAX (03)6837-5023
service@impress.co.jp
（受付時間　10:00～12:00、13:00～17:30　土日・祝日を除く）
※古書店で購入されたものについてはお取り替えできません

■書店／販売店のご注文窓口
株式会社インプレス 受注センター ……………………… TEL (048)449-8040／FAX (048)449-8041

ブックデザイン　都井美穂子
DTP　荒好見

校正・校閲　株式会社RUHIA
印刷・製本　株式会社シナノ
ISBN 978-4-295-40520-7 C2034